Colección

Educación, crítica & debate

Director

Pablo Gentili

Edición: Primera. Noviembre de 2008

ISBN: 978-84-92613-09-0

© 2008, Gonzalo Varela Petito
© 2008, Miño y Dávila srl / © 2008, Pedro Miño

Lugar de edición: Buenos Aires, Argentina

Diseño: Gerardo Miño
Composición: Eduardo Rosende

MIÑO y DÁVILA
• E D I T O R E S •

En Madrid: Miño y Dávila editores
Arroyo Fontarrón 113, 2º A
(28030)
tel-fax: (34) 91 751-1466
Madrid, España
En Buenos Aires: Miño y Dávila srl
Pje. José M. Giuffra 339
(C1064ADC)
tel-fax: (54 11) 4361-6743
Buenos Aires, Argentina
e-mail producción: produccion@minoydavila.com
e-mail administración: info@minoydavila.com
web: www.minoydavila.com

La educación superior en México

Planeación, evaluación y entorno

Gonzalo Varela Petito

MIÑO y DÁVILA
EDITORES

Índice

INTRODUCCIÓN 11

CAPÍTULO I
Situación del Sistema 17

- Componentes 17
- El diagnóstico oficial y la política 23
- Lo interno y lo externo 30
- Modelos de gestión 36
- La función docente 39

CAPÍTULO II
Rutas de la Planeación 47

- Marco de comparación 47
- Etapas de planeación y política 52
- Resultados y perspectivas 69

CAPÍTULO III
La Evaluación en Cuestión 75

- Contexto 75
- Técnica y política 79
- La evaluación de la educación superior 83
- Debate sobre la evaluación 89
- Colofón 115

Capítulo IV
El Factor Financiero 117

- Actualidad 117
- Tendencias 124
- Reflexiones finales 131

Capítulo V
El Factor Político 137

- Enfoque 137
- Los cambios en el Estado 140
- La política en las universidades 144
- Política, partidos y mercado 151
- La dinámica interna 158

Capítulo VI
Conclusión 165

Bibliografía 171

La educación superior en México

Planeación, evaluación y entorno

Gonzalo Varela Petito

Introducción

La educación superior en México tuvo durante el siglo xx poca extensión relativa, pero ello está cambiando por dos motivos. En primer lugar, las necesidades del desarrollo económico exigen un incremento de los niveles de educación; adicionalmente, las actuales tendencias demográficas y de acceso a la educación básica[1] empujarán a un contingente cada vez mayor a demandar educación superior en las próximas décadas. Por un lado, crecen los estudiantes de este sector por un hecho vegetativo asociado al aumento de población y a la extensión de la educación básica; por otro lado, acceden a las instituciones de educación superior (IES) en mayor porcentaje que en el pasado, alumnos provenientes de familias de escasos ingresos. Ello se compagina con una conciencia del público acerca de la necesidad de más educación, no sólo asociada a una secular aspiración de ascenso social, sino también de acuerdo a nuevas características del mercado de trabajo que suponen estudiar un mayor número de años para lograr puestos que anteriormente requerían menor grado de escolarización.

---

[1] En México la denominación de "educación básica" comprende tres años de secundaria, además de la educación prescolar y primaria. Posteriormente las distintas modalidades de educación media superior o (bachillerato) duran tres años y el primer ciclo de educación superior (o licenciatura) un promedio de cuatro años en la mayoría de las carreras.

Anteriormente las políticas oficiales para la educación superior se habían caracterizado por algunos rasgos en especial. Durante la década de los años setenta del siglo pasado, con posterioridad al sangriento conflicto de 1968 que culminó con una masacre de estudiantes, el gobierno dedicó especial atención a la educación superior (Varela Petito 1996). Pero en los hechos, el énfasis de las reformas se dio en la cantidad más que en la calidad. En consecuencia, el sistema de educación superior creció en números absolutos de alumnos inscritos, así como en cantidad de instituciones y de programas de estudios ofrecidos. En la misma época se creó el Consejo Nacional de Ciencia y Tecnología (CONACYT) para incentivar la investigación y los estudios de posgrado, que tenían entonces un escaso desarrollo[2]. También se intentó diversificar (con limitados resultados) el sistema de educación superior en tres ramas –universitaria, tecnológica y normal– a efectos de que la demanda no se concentrara excesivamente en la universidad.

En la siguiente década de los años ochenta, el crecimiento económico de México fue severamente afectado por la crisis económica que empezó en 1982 y que causó reducciones significativas en el financiamiento gubernamental a la educación superior, e incluso en el número de estudiantes. Esto tocó muy especialmente a las universidades públicas que se financiaban en un 90% con subsidios sobre todo del gobierno federal[3]. La restricción financiera tuvo también un impacto directo en los salarios de los académicos y empleados

---

2 Hacia 1990 sólo el 3% de los estudiantes de educación superior de México cursaban posgrado, representando una cifra de cerca de 40.000 matriculados (Varela Petito 1997). Actualmente el porcentaje sigue siendo bajo (6%) no obstante que se ha duplicado.

3 México es un estado federal conformado por treinta y dos entidades, de las cuales una es el Distrito Federal, sede de los poderes nacionales y otras treinta y una son estados locales (relativamente equivalentes a provincias en la nomenclatura de otros países; de hecho el término se usa en el habla coloquial de México para referirse a los estados componentes del pacto federal).

administrativos, y en los gastos de infraestructura y equipamiento, manteniendo la investigación científica en un desarrollo raquítico en relación con las potencialidades del país. Hacia el final de la misma década, la educación de posgrado carecía de comunicación con el sistema de ciencia y tecnología (Valenti, Varela y del Castillo 2000) y la educación superior en general padecía de obsolecencia de sus currícula sumada a la falta de información relevante acerca de la suerte de los egresados en el mercado de trabajo. También influía la débil integración entre los niveles secundario y terciario de la educación. La consecuencia final era la poca relación entre el sector más avanzado de la docencia y la investigación y el sector productivo de la economía nacional (Casas y Luna 1999).

En respuesta a esta situación, al inicio de los años noventa las políticas públicas en educación superior se orientaron primordialmente a la calidad, introduciéndose sistemas de evaluación de la educación superior y creándose fondos gubernamentales especiales para financiar a estas instituciones. Tales directivas estaban apoyadas en cuatro principales mecanismos (Valenti, Varela y del Castillo 2000): 1) el Sistema Nacional de Investigadores (SNI)[4] que ya estaba funcionando desde 1984 y que otorga reconocimiento en distintos grados de importancia a quienes hayan descollado en la investigación científica o tecnológica; 2) el Padrón de Posgrados de Excelencia[5] a cargo del CONACYT, que califica aquellos programas de estudios avanzados que debido a su calidad merecen

---

4 El Sistema Nacional de Investigadores o SNI es un mecanismo de reconocimiento individualizado de méritos de investigación, iniciado en 1984, por medio del otorgamiento de un nombramiento de Investigador Nacional acompañado de una remuneración económica pagada por el estado. Dicho nombramiento está sujeto a revisión periódica por comisiones de pares, que puede dar lugar tanto a su cancelación como a su renovación -o también a un ascenso de categoría- de acuerdo a la productividad del académico en el período evaluado (Consejo Nacional de Ciencia y Tecnología 2008).

5 Actualmente llamado Padrón Nacional de Posgrados (PNP) administrado por el Programa Nacional de Posgrados de Calidad (PNPC).

apoyo financiero especial por parte del gobierno, en particular en materia de becas para estudiantes; 3) un nuevo tipo de universidad, las Universidades Tecnológicas (UT) que imparten carreras cortas y tienen como condición para su creación el establecer estrechas relaciones con la industria de las regiones en que se instalan; y 4) la creación del Fondo para la Modernización de la Educación Superior (FOMES) que otorga financiamiento adicional a las instituciones de educación superior, sobre la base de proyectos específicos orientados a la mejora de su desempeño[6]. El balance a inicios del nuevo siglo en lo relativo a las limitaciones del sistema de educación superior en México radicaba en las desiguales relaciones entre sus diferentes sectores e instituciones componentes; la escasa diversificación de sus fuentes de financiamiento; la fallas en la implementación de las políticas de evaluación; el ya mencionado predominio de lo cuantitativo sobre lo cualitativo; y la poca vinculación con el sector productivo.

Sin embargo se dieron también avances. El sistema de educación superior tendió a ser más abierto e inclusivo, y en particular la introducción de la evaluación del funcionamiento académico (Varela 1993; Valenti y Varela 1997) ha permitido reunir una mejor información acerca del verdadero funcionamiento de las instituciones de educación superior y ha modificado el proceso de toma de decisiones tanto a nivel institucional como individual. Especialmente ha estimulado el interés de los profesores por cursar estudios de posgrado, un requisito que se considera esencial para tener cuerpos docentes de alto nivel, pero que hasta hace pocos años había tenido poca concreción en México. También ha permitido mejorar los salarios reales de los académicos por medio de estímulos asociados a la productividad. El sistema de educación superior está

---

6 Actualmente éste y otros programas similares de apoyo a la educación superior han quedado prácticamente absorbidos por el Programa Integral de Fortalecimiento Institucional (PIFI) a cargo de la Secretaría de Educación Pública (Rubio Oca 2006a).

hoy más preparado para recibir un número mayor de estudiantes. Subsidiariamente, las tendencias demográficas hacen que la política oficial ponga especial interés en la educación superior.

Uno de los resultados más importante ha sido la transformación del sistema de regulación, planeación y evaluación de la educación superior. A estos dos últimos rubros, junto con otros temas accesorios que ayudan a esclarecer su evolución y estado actual, está dedicado este libro, que sistematiza y completa distintas investigaciones llevadas a cabo por el autor sobre el tema. El mismo no tiene intención descriptiva sino fundamentalmente analítica –no obstante que cierto nivel de descripción se incluye necesariamente[7]. El análisis es de corte sociológico sesgado por el enfoque de políticas públicas; por tanto no se abordarán cuestiones de orden pedagógico o moral ligadas a la educación, sino en forma circunstancial. La hipótesis subyacente es que debido al entrecruzamiento de la demanda social de educación, las respuestas dadas por la política pública y la dinámica propia de las IES, se han producido una serie de impactos y reacciones en el sistema de educación superior de México (y probablemente también de otros países con experiencias similares, aunque se excluye aquí una perspectiva comparativa) que han producido o intensificado[8] una doble diferenciación: del sistema de educación superior respecto de otros sistemas sociales y del sistema de educación en su interior, lo que se evidencia entre otras cosas en el crecimiento del sector privado de la educación superior. En consecuencia, se tiene actualmente un sistema de educación más complejo.

En las IES públicas la diferenciación se evidencia en las llamativas y a veces profundas diferencias entre una y otra institución, ya sea por razones exclusivamente internas o como reflejo de los desnive-

---

7 Especialmente en el capítulo I.
8 Intensificado, en el supuesto de que como el sistema es considerablemente antiguo, dicha diferenciación era preexistente a los fenómenos que se abarcan en este trabajo, si bien fue incentivada por ellos.

les de desarrollo regional del país. Ello da cuenta de la inabatible heterogeneidad del sistema de educación superior, contradiciendo objetivos de la política educativa, que desde hace años busca una reducción de las diferencias.

En consecuencia, el tratamiento de la planeación y evaluación de la educación superior no se encara técnicamente sino en relación con circunstancias sociales y de factibilidad política. De ahí la disposición de los capítulos.

El capítulo I se dedica a la descripción de rasgos estructurales del sistema de educación superior y a la presentación de algunos problemas característicos de gestión. Los capítulos II y III constituyen el núcleo temático principal y abordan respectivamente la planeación y evaluación de la educación superior, su evolución y problemas. Los capítulos IV y V enfocan elementos de entorno muy ligados a la viabilidad y efectos de la planeación y la evaluación, como son la disponibilidad y manejo de los recursos financieros por un lado, y las variables políticas concernientes a los ámbitos exterior e interior de las IES. Por otro lado, en un último capítulo de conclusiones, se ensaya una interpretación con elementos teóricos, centrada en la compleja relación de los objetivos propiamente cognoscitivos de la educación superior con la más amplia tarea de socialización que la actual política educativa le atribuye a las IES –lo que en etapas anteriores, cuando éstas eran más selectivas, quedaba librado a los niveles educativos previos. Cosa que transforma –aunque no impide– el sentido de enseñanza especializada de alto nivel y en lo social desafía la función latente de adquisición o confirmación de estatus de élite que tuvo la educación superior, cuando estaba dominada por la universidad tradicional, institución que tiende a desaparecer si es que ya no ha desaparecido por completo.

Capítulo I

SITUACIÓN DEL SISTEMA

Componentes

El sistema de educación superior en México está creciendo a un ritmo elevado[1]. Al mismo tiempo -revirtiendo las tendencias predominantes durante gran parte del siglo xx- los inscritos en educación básica disminuyen al punto de obligar a cerrar escuelas primarias, y comienza el debate acerca de la calidad y la viabilidad de las escuelas de formación normal para maestros (lo que es un punto políticamente espinoso)[2]. A nivel de la educación superior, ello exige respuestas a dos cuestiones: una, de equidad social en la matriculación; y otra, de puesta al día del sistema de educación superior en vista de las presiones derivadas de la competencia internacional y de la apertura de la economía mexicana, a raíz de la puesta en marcha en 1994 del Tratado de Libre Comercio de América del Norte (TLCAN o NAFTA, por sus siglas en inglés). De ahí la atención creciente a la educación superior en los informes

---

1 En 1980 el total de inscritos en educación superior en México era de 935.800 estudiantes; en 1990 la misma cifra ascendía a 1.252.000; en 2000 a 2.047.900; y en 2007 a 2.633.800 (acerca de las fuentes estadísticas véase nota más adelante).

2 Véase sección dedicada a las escuelas normales en *Educación 2001* (2008).

gubernamentales y en el diseño de la política pública a partir de los años de 1990 –en contraste con la década de 1980.

De acuerdo a datos oficiales[3], la educación superior mexicana (pública y privada) abarcaba en el ciclo 2007-2008[4] alrededor del 27% de la población de 19-23 años de edad[5]. El sistema estaba constituido por unas 5.466 instituciones de diferente tipo[6]: universidades públicas autónomas, universidades privadas, institutos

---

3   Dado que los anuarios estadísticos impresos de la Asociación Nacional de Universidades e Instituciones de Educación Superior (ANUIES) se han detenido en los datos de 2003 (ANUIES 2004a y 2004b) sus cifras posteriores acerca de la educación superior en México deben consultarse en línea, en la página electrónica de la misma Asociación: <http://www.anuies.mx/servicios/siess/index.html>. También puede acudirse a los informes de gobierno anuales de la Presidencia de la República, en su Anexo Estadístico <http://www.informe.gob.mx> y asimismo al Instituto Nacional de Estadística, Geografía e Informática (2007). Las cifras que aquí se presentan son extraídas fundamentalmente de la segunda fuente (archivo electrónico de Informe de Gobierno 2007) que está actualizada hasta el ciclo escolar 2007-2008. Otros datos e informaciones sobre educación superior relativos al período reciente, en ANUIES (2006) Rubio Oca (2006b) y OECD (2008a y 2008b).

4   No existe un calendario único de cursos para la educación superior, entre otras razones porque las universidades públicas, en virtud de su autonomía jurídica y de las distintas formas de organizar su funcionamiento lectivo, tienen la postestad de determinar cada una su propio calendario. No obstante, en términos aproximados el año académico de la educación superior corre de septiembre a julio de cada año.

5   En este renglón los informes de la OECD ofrecen datos complementarios. En 2006 en México, del grupo de edad de 25-34 años, 20% había alcanzado la educación terciaria (lo que no quiere decir que la hubieran culminado) en comparación con 39% de todos los países miembros de la organización (OECD 2008a y 2008b). En el conjunto de los países de la OECD, del grupo de 25-64 años el 33% en promedio había accedido al nivel terciario, en comparación con el 15% de México (OECD 2008b).

6   Dato del Informe de Gobierno de 2007, cit. Puede haber variantes importantes de este número en el cómputo proveniente de otras fuentes, según el criterio de registro utilizado y teniendo en cuenta, entre otras causas, la gran proliferación de IES privadas de diverso tipo y tamaño. Véase al respecto Grediaga Kuri, Padilla González y Huerta Bárcenas (2003).

tecnológicos públicos o privados, universidades tecnológicas públicas, institutos que imparten sólo posgrado y realizan investigación, escuelas normales encargadas de la formación de docentes públicas o privadas, pequeñas organizaciones privadas que imparten pocos programas, etcétera. Pero gran parte de los estudiantes se inscriben en un grupo de relativamente pocas universidades públicas juridicamente autónomas, que tienen grandes cantidades de matrícula y por ello constituyen un referente fundamental del sistema[7]. La más grande de ellas, la Universidad Nacional Autónoma de México (Unam) posee en la actualidad alrededor de 300.000 estudiantes, 30.000 académicos y otros 30.000 trabajadores administrativos, lo que la convierte en una de las Ies más grandes del mundo. Pero un poco menos de la mitad de estos estudiantes son alumnos de educación media superior (bachillerato). Un rasgo frecuente de las universidades públicas mexicanas –y también de algunas privadas–

---

7 Sin embargo es notorio que la incidencia de las universidades públicas en la matrícula ha venido disminuyendo, a causa de los cambios que se han dado en la estructura y la orientación de la educación superior. A inicios de los años setenta, dos tercios de la matrícula de educación superior del país, en todas sus modalidades, se encontraba en universidades públicas y en una sola de ellas, la Unam, se reunía el 30% de la misma cifra (Varela Petito 1996). Por el contrario, en 2007-2008 el conjunto de las universidades públicas autónomas sumaba 965.200 (o sea 41%) de estudiantes de licenciatura universitaria y tecnológica sobre un total de 2.329.800 educandos de este sector. En comparación las Ies privadas tenían 754.600 (34%) inscritos. En el posgrado en la misma fecha, el estudiantado de educación privada (79.500) era mayor que el de las universidades públicas autónomas (68.000). (Datos de Informe de Gobierno 2007, cit.). Sin perjuicio del crecimiento en números absolutos de todo el sistema, la tendencia en porcentajes ha sido a la expansión de la educación privada en especial y de la tecnológica (pública o privada) en general, en desmedro de las universidades públicas, lo que en parte refleja problemas de calidad de éstas en la percepción colectiva, pero también el resultado de distintas variables de la política pública para la educación superior. En consecuencia se ha dado también un sistema de educación superior socialmente más diferenciado (Varela Petito 2000).

es que imparten educación preuniversitaria junto con educación superior, lo que plantea problemas peculiares de gestión[8].

En el referido año académico de 2007-2008 la educación superior mexicana contaba con un total de 2.633.800 estudiantes, en relación con una población escolarizada en todos los niveles educativos de 33.567.300 estudiantes y una población total nacional de 106 millones de habitantes aproximadamente[9]. En el conjunto escolarizado ello significaba un 8% de inscritos en educación superior. De estos, 88,5% estaban matriculados en educación universitaria y tecnológica, 5% en educación normal, y 6,5% en posgrado[10]. El crecimiento del número total de estudiantes respecto al año anterior había sido de 4,1%. Los docentes eran 284.147 en todo el sistema superior.

Un hecho es la creciente importancia de la educación superior privada: su número se elevó de 16% del total de la matrícula

---

8 En el ciclo 2007-2008, sobre un total 3.493.500 estudiantes matriculados en educación media superior, 480.800 cursaban en universidades públicas autónomas (Informe de Gobierno de 2007, en fuente electrónica citada). Esta cifra representaba cerca del 14% del total de matriculados en la educación media superior, pública y privada. Periódicamente se ha planteado la oportunidad de separar la educación media superior pública de la universitaria, haciéndola regir por uno o más organismos especializados en la gestión de este sector del sistema educativo. Pero ello levanta fuertes resistencias, entre otras razones porque la educación media superior en las universidades públicas, más allá de la disparidad entre IES, retiene mayor prestigio que el bachillerato en otras instancias del sistema educativo público.

9 La educación básica –que comprende primaria y secundaria– sumaba 25.713.200 estudiantes (los datos en este párrafo provienen del Informe de Gobierno 2007, cit.).

10 La licenciatura tecnológica y universitaria supone carreras de duración de cuatro años en su mayoría. Otras instituciones como las Universidades Tecnológicas imparten carreras técnicas dos años más cortas que en este cómputo de matrícula se incluyen en el rubro genérico de educación universitaria y tecnológica. Los posgrados son de tres tipos: *especialidad*, de duración de un año, *maestría*, de dos años y *doctorado*, de tres años en promedio.

CAPÍTULO I: Situación del Sistema

del sector en 1980 a 33,2% en 2007. Es el subsector que más ha aumentado y que en consecuencia más académicos contrata[11]. Sin embargo, debido a los avatares del ciclo económico, dicha tendencia no es constante.

En cuanto al desempeño del sistema de educación superior en el período de 2007-2008, el mismo absorbió a 77,3% de los egresados de la media superior en el año anterior[12] y la eficiencia terminal de educación media superior y superior sumadas fue de 87,2%[13]. No obstante debe tenerse en cuenta que la tasa de deserción en el nivel superior es importante. En un período anterior (2005-2006) se calculaba en 8,5%[14]; pero es éste un dato oficial que bien podría estar superado por la realidad.

Por comparación, cinco años atrás, en 2003, el mismo sistema de educación superior había absorbido 85,4% de los egresados de educación media superior; el índice de deserción fue de 14,7%, el de reprobación de 38% y la eficiencia terminal de 62% (Presidencia de la República 2003). Aceptada la validez de estas cifras, el notorio mejor desempeño del sistema en los últimos años debe atribuirse entre otros factores al Programa Nacional de Becas (PRONABES)[15] que busca asegurar la retención de estudiantes.

---

11 En 2007-2008 el 39% de los docentes de educación superior en México pertenecían al sector privado (los porcentajes de este párrafo se calculan con base en las cifras absolutas provistas por el Informe de Gobierno 2007, cit.).

12 Sumados los datos de educación normal de nivel licenciatura (Informe de Gobierno 2007, cit.).

13 La fuente del informe de gobierno citada proporciona este dato sin diferenciar entre educación media superior y superior. El Instituto Nacional de Estadística Geografía e Informática (2007) que sí hace el desglose, informa de una tasa de absorción de 85,1% para la educación superior en 2005-2006, pero no agrega datos para años ulteriores.

14 Instituto Nacional de Estadística Geografía e Informática (2007). No trae información de la misma cifra para años posteriores.

15 Sobre éste y otros programas de la Secretaría de Educación Pública (SEP) dirigidos a la educación superior, véase Rubio Oca 2006b.

La mayor parte de la investigación científica del país se lleva a cabo en universidades públicas y sobre todo en la UNAM, que según algunas estimaciones realizaría por sí sola el 50% de la investigación nacional, aunque esta cifra es difícil de precisar. Muy poco se hace todavía en las empresas (a pesar de la política de estímulos fiscales) y algo en otras instituciones públicas no universitarias, en rubros como petróleo, agricultura o salud.

En razón de la autonomía de las universidades públicas la autoridad del gobierno se ejerce indirectamente sobre ellas, especialmente por medio de mecanismos de planeación indicativa apoyados en financiamiento[16]. Hay otras IES públicas como los institutos tecnológicos o las escuelas normales que tienen mayor dependencia jurídica del gobierno, aunque no poseen, en conjunto, el mismo peso académico y político que las universidades autónomas.

Las principales instituciones de educación superior en México, públicas y privadas, se agrupan en una organización de caracter no gubernamental llamada Asociación Nacional de Universidades e Institutos de Educación Superior (ANUIES). La adhesión a ANUIES es voluntaria pero no indiscriminada: para afiliarse las IES deben cumplir ciertos requisitos y someterse a un proceso de admisión. La Asociación tiene funciones de planeación indicativa así como de enlace con el gobierno, por lo que sirve sustancialmente de vehículo de negociación de fondos y de trasmisión de la política gubernamental hacia las IES. Por ello hay claras coincidencias entre la posición de ANUIES y la del gobierno[17].

Uno de los factores que ha dificultado en el pasado una adecuada planeación del sistema de educación superior en México ha sido la ausencia de cifras confiables y homogéneas. Ello se debe a

---

16 El principal de estos es actualmente el ya citado Programa Integral de Fortalecimiento Institucional (Rubio Oca 2006a) dirigido especificamente al nivel de licenciatura, aunque abarca también el posgrado en algunos aspectos. Mas en lo concerniente a la regulación de la investigación y el posgrado son importantes sobre todo los programas del CONACyT.
17 Sobre la historia de la ANUIES véase en particular Medina Viedas (2005).

deficiencias o disparidades de criterios de registro en el sistema estadístico de las IES pero a veces también a manipulaciones deliberadas con el objetivo de lograr más financiamiento para determinadas instituciones, lo que en parte se ha corregido en los últimos años respondiendo a iniciativas gubernamentales. Las dudas alcanzaban cuestiones tan básicas como el número real de estudiantes o de profesores en el sistema[18]. Recientemente, el Sistema Integral de Información Administrativa (SIIA) generado mediante el Programa para la Normalización de la Información Administrativa (PRO-NAD) ha buscado resolver este problema, asociado a la planeación y al aseguramiento de la calidad (Rubio Oca 2006a)[19].

El diagnóstico oficial y la política

Más que en el reciente Programa Sectorial de Educación (Secretaría de Educación Pública 2007) –que ha elegido un formato operativo y no tan analítico de presentación– el fundamento de las directivas principales para el desarrollo de la educación superior en México se encuentra en documentos anteriores de la Secretaría de Educacións Pública (SEP). En tal sentido, un diagnóstico realizado a fines del siglo XX (SEP 2000) arrojó un balance crítico del sistema de educación superior mexicano que sirvió de guía a la política vigente:

1. estándares del profesorado inferiores al nivel internacional;
2. equipamiento académico insuficiente, principalmente en laboratorios, bibliotecas y medios informáticos;
3. vínculos limitados de las IES con la sociedad y la economía de su entorno;

---

18 Respecto de los profesores véase Gil Antón et al (1994) y Grediaga Kuri, Rodríguez Jiménez y Padilla González (2004).
19 Sobre sistemas de información de la educación superior, véase también ANUIES (2006).

4. escaso trabajo colegiado y predominio de decisiones individuales, tanto en lo académico como en el gobierno de cada institución;

5. participación muy reducida de los gobiernos estatales[20] en las políticas públicas de educación superior y en su financiamiento;

6. numerosas instituciones de educación superior que atienden simultáneamente el nivel de enseñanza preuniversitaria (bachillerato) doble función que, unida a las dimensiones excesivas de las IES, dificulta desarrollar un sentido de comunidad académica y genera problemas de gobernabilidad;

7. incremento de matrícula como fin en sí mismo, decidido aislada y unilateralmente por cada IES sin conexión con las necesidades y perspectivas institucionales, estatales, regionales o nacionales;

8. unimodalidad educativa de licenciatura de cuatro años y carencia de programas de educación superior de corta duración (dos o tres años) que en los países que poseen mejor conexión entre educación y desarrollo constituyen entre 25% y 60% de la matrícula[21];

9. baja eficiencia terminal y en consecuencia altos costos por egresado;

10. desigual disponibilidad de recursos de las IES medida en gasto por estudiante, causada tanto por inercia como por la unilateralidad de las decisiones de cada institución en cuanto al número de inscritos a atender.

Estos problemas se atribuyen fundamentalmente a heterogeneidades del sistema de educación superior: las instituciones que lo componen no son iguales en calidad de formación, ni en publicaciones, ni en habilidad para competir por financiamientos, ni en proyectos de Investigación y Desarrollo, ni en capacidad de

---

20 Se refiere a los gobiernos provinciales.

21 Ya se ha visto que esto se trató de modificar, entre otras medidas, con la creación de las Universidades Tecnológicas (Silva Laya 2006).

CAPÍTULO I: Situación del Sistema

transferir tecnología. Por todo ello a fines del milenio, si bien la educación superior había avanzado en ampliación de la matrícula y cobertura social, también había acumulado, según diagnosticaba el informe oficial citado, desviaciones importantes con respecto a las prácticas universales más probadas.

Como correctivos, se propusieron tres metas principales (SEP 2001):

1. ampliación de la cobertura de la educación superior con equidad;
2. educación superior de buena calidad;
3. integración, coordinación y gestión del sistema de educación superior.

De ahí derivan algunas implicaciones. El incremento del número de estudiantes, respetando la equidad social supone tanto ampliar y variar la oferta educativa como dar nuevas posibilidades de acceso a grupos sociales que antes no alcanzaban la educación superior o lo hacían en porcentajes reducidos. Esto incluye aumentar la oferta en zonas y regiones poco atendidas y crear un sistema nacional de becas. A efectos de mejorar la calidad de los programas educativos, desde hace años se impulsa también la superación de los profesores, la actualización de contenidos curriculares y el desarrollo enfoques flexibles, promoviendo la diversificación institucional y de la oferta de estudios en cada uno de los estados y regiones del país. Se busca que las IES por medio de programas académicos de atención diferencial, ayuden a mejorar el desempeño de los estudiantes, reduciendo la deserción y el retraso en la terminación de los estudios.

En la función de docencia se necesita rectificar inequidades propias de un sistema de educación superior que en los últimos cuarenta años tuvo un crecimiento acelerado y muy desigual, provocándose a menudo un alejamiento entre el profesor y el estudiante que contribuye a la deserción. Ello se procura mejorar por medio de una atención personalizada del estudiante, con énfasis en las tutorías individuales y de grupos (ANUIES 2001). La diversificación del sistema está en relación con este objetivo, pues permite la atención de distintos tipos de estudiante. También se aplica desde 1996 el Programa de Mejora del Profesorado (PROMEP) y asimismo el Fondo para la Modernización de la Educación Superior (FOMES) que apoyan financieramente la superación de los académicos, la mejora de los programas educativos, la provisión de infraestructura de trabajo adecuada y el crecimiento de la matrícula de los estudios de posgrado, que en México tienen aún poco desarrollo. A inicios del siglo –cuando se realizaron estos diagnósticos– sólo se titulaban en el país 1.000 doctores al año, cuando el ideal debería ser 20.000; en Estados Unidos la misma cifra era de 40.000 al año. El déficit consecuente es visible en áreas como ciencias exactas, ingeniería y tecnología.

En cuanto a los recursos humanos necesarios, una planeación de largo plazo de ANUIES (2000) ha previsto que para el año de 2020 las instituciones de educación superior deberían tener 261.000 académicos bien profesionalizados. Dado que de acuerdo a las cifras actuales, ya hay más de 200.000 profesores en el sistema de educación superior mexicano, la disponibilidad de profesores no es numéricamente un problema. (Por eso la tasa de crecimiento prevista de estudiantes es mayor que la de profesores, pues debería pasar de 9,5 estudiantes por profesor en el año 2000, a 18 en el 2020[22].) Pero si el número de docentes no es crítico, sí lo es la

---

22 Pero por el momento la tendencia prevista no parece estarse cumpliendo. A mitad de la presente década, en 2005-2006, la cifra de alumnos por profesor a nivel de licenciatura universitaria y tecnológica era de 10 estudiantes por profesor; y en el conjunto de todo el sistema de educación superior (incluida la educación normal y el posgrado) el promedio sería de aproximadamente 7 estudiantes por profesor (INEGI 2007: 32). De acuerdo a los datos de alumnos y profesores de otra fuente (Informe de Gobierno 2007, cit.) en fecha más reciente (2007-2008) la proporción sería aún más baja: 9 estudiantes por profesor en todo el sistema de educación superior.

calidad de su formación y desempeño profesional, como lo indica el hecho de que actualmente pocos académicos tengan título de doctorado o incluso de maestría, no obstante la constante mejora que se registra en el rubro del posgrado.

Visto que los futuros egresados habrán de insertarse en un mercado de trabajo con nuevas características, determinadas por el desarrollo de la llamada sociedad del conocimiento, la educación superior deberá buscar también reintegrar sus tres funciones esenciales (docencia, investigación y difusión de la cultura) en un nivel de mayor calidad. Para ello la planeación gubernamental da mucha importancia al concepto de "cuerpos académicos", que serían los encargados de incrementar la capacidad de cada IES de generar y aplicar conocimiento (Rubio Oca 2006b). Los cuerpos académicos son conjuntos disciplinarios o interdisciplinarios formados por docentes e investigadores que trabajan en un campo de estudio. No son necesariamente áreas prestablecidas en un organigrama, sino grupos empíricamente existentes, con capacidad dinámica, surgidos en la práctica misma de trabajo, que deben ser institucionalmente identificados, formalizados y multiplicados para impulsar la calidad del sistema de educación superior. Sus rasgos serían: la adscripción a una IES que crea el ambiente propicio al trabajo y la permanencia de los académicos; la realización de estudios de posgrado de sus integrantes; una alta especialización de conocimientos; y participación en redes de intercambio que los relacionen con otros sistemas académicos.

La atención personalizada y diversificada de los estudiantes, así como la mejora del profesorado y la provisión de infraestructura, serían claves para el aseguramiento de la calidad. En relación con ello se consolida un régimen nacional de evaluación y acreditación no gubernamental, sustentado en juicios de pares académicos ("peer review") de reconocido prestigio. Con ello se pretende transformar el sistema actual de las IES en otro más abierto en que las instituciones participen en redes regionales, nacionales e internacionales de cooperación e intercambio científico[23].

En materia de coordinación, el sistema de planeación de la educación superior puesto en marcha desde fines de los años de 1970 (SEP y ANUIES 1981) contempla cuatro ámbitos de acción: el nacional, el regional (que agrupa a varios estados en una misma coordinación) el estatal y el de cada IES en particular. Pero el funcionamiento relacionado de estas instancias, así como sus mecanismos de rendición de cuentas, distan de lo deseable y por eso la integración del sistema sigue siendo un objetivo prioritario de la agenda pública.

ANUIES juega un papel central en la coordinación de la educación superior. A principios del milenio formuló su propia visión estratégica (ANUIES 2000) del desarrollo de la educación superior mexicana en un lapso de veinte años, definiendo ocho postulados:

1. calidad e innovación;
2. congruencia de las acciones a adoptar con la naturaleza académica de las IES;
3. pertinencia con las necesidades de desarrollo del país;
4. equidad social;
5. humanismo entendido como educación integral y no sólo utilitaria;
6. fortalecimiento de valores nacionales y morales;
7. compromiso con la construcción de una sociedad mejor;
8. estructura de gobierno y operación de las instituciones de educación superior.

A partir de ello se especificaron las metas a que debería llegar el sistema de educación superior en el año 2020 en el supuesto de que se lograra un efectiva coordinación:

---

23 Sobre el sistema de evaluación de la educación en México véase Instituto Nacional para la Evaluación de la Calidad (2006) y sobre la evaluación de la educación superior en particular, ANUIES (2006).

- Cobertura: atención de 40% del grupo de edad de 20-24 años de la población; un porcentaje aproximadamente similar al que hoy tiene Argentina, que es el país latinoamericano con más avance en la materia (ya se anotó que la cifra oficial correspondiente a México actualmente es de aproximadamente 27%, mientras que en la educación media superior –preuniversitaria– la atención del grupo de edad de 16-18 años es de alrededor de 60,5%).
- Diversificación: los estudiantes deberían distribuirse en distintos tipos de instituciones y modalidades de educación superior, evitando la excesiva concentración actual en pocas carreras e instituciones.
- Integración: la educación superior deberá responder adecuadamente a las necesidades sociales estatales, regionales, nacionales e incluso internacionales.
- Calidad: aunque no es viable que todas las Ies lleguen a estar en 2020 en un mismo nivel de calidad, es esperable una mejora de todas ellas y el acceso a un nivel internacional de las más desarrolladas.

En este contexto de planeación estratégica que busca subsanar el inmediatismo que a menudo marcó en el pasado al sector educativo superior, tanto Anuies como Sep conceden mucha importancia a otros dos conceptos, además del de cuerpos académicos ya mencionado: los de visión y misión institucionales. La visión es la percepción de sí misma que ha de tener cada Ies y el sistema de educación superior en conjunto en una perspectiva de futuro. La misión es una combinación de acciones de cada Ies y de todo el sistema, sustentada en compromisos formales y mecanismos de rendición de cuentas que garanticen la concreción de las metas derivadas de la visión. A cambio el gobierno provee financiamientos especiales: desde la Secretaria de Educación Pública se indujeron iniciativas como el Programa Integral de Fortalecimiento Institucional (Pifi) orientado al pregrado (licenciatura) y el Programa Integral de Fortalecimiento del Posgrado (Pifop) dedicado al posgrado[24] que supusieron una serie de compromisos de las IES sujetos a cronograma, cristalizados mediante convenios con la SEP, que se desglosan en proyectos de desarrollo institucional de diverso tipo, cuyo cumplimiento es evaluado anualmente mediante el procedimiento de pares.

Lo interno y lo externo

Más allá de la visión oficial, en una consideración de contexto es necesario incluir la influencia que tiene la economía en la situación de la educación superior. En la coyuntura mundial actual la prospectiva económica de México, como la de muchos otros países, es sobre todo incierta. Algunas tendencias apuntan a un mayor crecimiento de largo plazo que activaría potencialidades subutilizadas del país. Del punto de vista demográfico la evolución de las próximas décadas llevará a que los economicamente dependientes (en particular los menores de quince años) disminuyan, mientras aumenta el margen de población plenamente productiva. Unido a un grado mayor de industrialización y sobre todo de ampliación del sector servicios, esto demandará redoblar el esfuerzo educativo que con logros y contradicciones se viene dando desde hace décadas en todos los niveles, pero que actualmente demanda especialmente al nivel superior.

Sin embargo, el panorama internacional de que depende esta perspectiva de desarrollo –especialmente en lo que concierne a la economía de Estados Unidos, a donde deriva el 80% de las exportaciones mexicanas– aparece sembrado de graves contingencias[25]

---

24 A diferencia del PIFI que sigue vigente, luego de algunos años de funcionamiento el PIFOP fue discontinuado y sus funciones pasaron a ser competencia del Programa Nacional de Posgrados de Calidad dentro de la órbita del CONACYT, dependiente de la Presidencia de la República.

25 El último estudio económico de la CEPAL (Comisión Económica Para América Latina 2008) anota que la economía mexicana ha perdido dinamismo

y como enseña la experiencia, el derrumbe o la estabilidad de las expectativas internas dependen cada vez más de las externas, que escapan al control nacional, y que afectan a la educación, el empleo y el desarrollo en general.

En lo interno hay un factor social que aún lejos de resolverse, que es la muy injusta distribución del ingreso, que hace reposar la economía nacional en el desmedido privilegio de capas altas y medias altas de la población, en desmedro de una gran parte que vive en condiciones de penuria económica y de desvalorización de su capacidad de trabajo. La discutida reforma fiscal (Guerrero 2004; Comisión Económica Para América Latina 2008) no ha acabado de concretar una fórmula plenamente eficaz y en tanto no lo haga, será difícil mejorar la calidad de vida de las personas que es clave de una sustancial mejora de la calidad educativa, ni asignar los fondos necesarios para el avance de la enseñanza y de otros servicios sociales básicos.

El cambio de México a partir de la crisis de la deuda externa en 1982 y el reajuste subsiguiente de su economía, impactó como no podía ser menos a la educación superior (Varela Petito 1997). Se produjo una estructura híbrida que combina rasgos de una época de expansión con otra marcada por restricciones en las políticas económica y social y por el aumento de la competencia en distintos planos de la economía y de la política, tanto a nivel nacional como internacional. Aunque los mexicanos egresados de la educación superior no vieron tan deterioradas sus posibilidades de empleo como otros grupos de la población menos educados (Muñoz Izquierdo et al 1996; Valenti Nigrini et al 1997; ANUIES 2003) desde los años de 1980 resienten la incertidumbre laboral en una medida antes desconocida[26]. Al mismo tiempo, tanto las diná-

---

en parte debido a su estrecha relación con la economía estadounidense, que ingresa a una recesión.

26 A modo de ejemplo, en la primera encuesta extensa de egresados de una universidad pública mexicana –la Universidad Autónoma Metropolitana

micas vegetativas de la sociedad mexicana, como sus tendencias a la democratización política, como su integración a la sociedad del conocimiento, demandan un fuerte incremento de los estándares educativos a lo que deben responder las políticas gubernamentales de incentivo a la educación superior. La urgencia deviene del hecho de que ha habido un atraso cuantitativo en la educación superior mayor que en otros sectores educativos, pero también de problemas de índole cualitativa en aspectos de calidad, internacionalización, actualización de conocimientos y técnicas pedagógicas. El incremento de las oportunidades de vida y de trabajo, impulsado por el aumento de la productividad y no tanto por la baratura de la mano de obra propia de una economía subdesarrollada, requiere una elevación efectiva de las tasas de educación de la población. Pero el crecimiento basado en tecnología y educación también es ahorrador de puestos de trabajo.

Por otra parte el papel de la educación en México ha cobrado un nuevo sentido desde que entró en vigor el Tratado de Libre Comercio de América del Norte (TLCAN) en 1994, que implica ajustes con vistas a una difícil homogeneización de las variables sociales de Canadá, Estados Unidos y México. Para la educación superior se plantean consideraciones en dos direcciones principales: en primer lugar, la competencia entre los signatarios del tratado se dará primordialmente en el campo de los recursos humanos de alto nivel; en segundo lugar, México parte en desventaja respecto de los otros dos países, lo que vuelve urgente la transformación de sus estructuras académicas, rutinas pedagógicas, formación de personal y gestión y dirección de sus IES. Sin embargo, toda propuesta

---

(UAM)- realizada a mitad de la década de los noventa, 37% de interrogados sostuvo que se desempeñaba en un trabajo de alta coincidencia con los estudios universitarios cursados, 39% declaró que dicha coincidencia era regular y 23% que la misma era poca o nula (Valenti et al 1997: 84). Este tipo de dato a veces se toma como síntoma de una fallida preparación académica de los egresados, pero debe relacionarse en primer lugar con las oportunidades que ofrece el mercado de trabajo.

de cambio –en éste como en otros terrenos– choca con formas institucionales y dinámicas sociales heredadas del pasado, que si por un lado son percibidas por distintos actores como insatisfactorias y productoras de resultados negativos, de todos modos configuran un tejido de prácticas e intereses difíciles de modificar, a pesar de las transformaciones académicas ocurridas en la última parte del siglo xx (Varela Petito 1996 y 1997).

El Tlcan incide en la educación superior mexicana en diversos sentidos (McGinn 1994; Aboites 1997; Marum Espinosa 1998; Didou Aupetit 2000). El primero, como se dijo, es el de la competencia a nivel de recursos humanos. Desde que se llevaron a cabo las negociaciones para la concreción del tratado, surgió la preocupación de que se presentaran a trabajar en México profesionales preparados en Estados Unidos, desplazando a los nacionales. A pesar de que existen barreras culturales e idiomáticas a este flujo, el mismo es ya una realidad en la ocupación de puestos de dirección en filiales de empresas transnacionales y en otros empleos, especialmente en regiones como la frontera norte de México. En el futuro tenderá a crecer, influyendo el perfil de la fuerza de trabajo calificada sobre todo en el sector servicios, en que la economía estadounidense es altamente competitiva. Esto afectará –aunque sea en un ritmo pausado– a las instituciones de educación superior mexicanas, reflejándose en la organización de los estudios y prácticas profesionales.

En segundo lugar, se ha abierto la posibilidad de que universidades estadounidenses compitan con las mexicanas, estableciendo sucursales en el país al amparo del tratado, lo que podría ser alentado por un fenómeno demográfico cada vez más patente en Estados Unidos (así como en Europa). Luego de pasado el período en que el crecimiento demográfico de la posguerra repercutiera en una mayor demanda de educación superior en los países desarrollados, el llamado "bono demográfico" comienza a caer dramáticamente en Estados Unidos, causando una menor matriculación de estudiantes y una necesidad presente o futura de reducir el número de instituciones de educación superior. Mientras tanto en México se está produciendo el fenómeno contrario. Para las instituciones de Estados Unidos una solución consiste en atraer estudiantes extranjeros, pero también en ampliar sus operaciones hacia el extranjero. Para el extenso sistema académico estadounidense un mercado natural lo constituye México, con una población total de más de cien millones de habitantes, de los cuales una gran proporción es todavía joven, y donde se registra una déficit de educación superior, tanto en términos cuantitativos como cualitativos.

En la actualidad el gobierno mexicano impulsa con distintos mecanismos (financiamientos especiales, becas de estudios, creación de nuevas instituciones) el ingreso de más educandos al nivel superior. Esta política involucra en primer lugar a las instituciones públicas; pero también favorece un entorno propicio al crecimiento de la educación superior privada; asimismo permite la incursión (hasta ahora limitada) de instituciones educativas extranjeras en el ámbito mexicano, ya sea abriendo filiales o mediante programas de educación a distancia, o por la implementación de programas conjuntos con instituciones mexicanas, sobre todo en posgrado. Si bien parece todavía difícil que las universidades estadounidenses puedan prestar en México directamente servicios a nivel de pregrado (licenciatura) ello sería viable por medio de asociaciones con instituciones locales o por medio de la compra o inversión en IES mexicanas ya existentes, como ya está sucediendo.

Ocasionalmente se anuncian también IES estadounidenses (de dudosa calidad) que ofrecen programas a distancia de nivel de pregrado o posgrado. Otro asunto es la estandarización de certificados o títulos de los profesionales que concurran a trabajar en México (o viceversa, de mexicanos que se trasladen a Estados Unidos). El hecho de que distintas IES, estadounidenses y mexicanas o sus egresados, entren en contacto más estrecho que en el pasado, obliga a discutir como se habrá de encarar una relativa equivalencia de sus programas, reduciendo diferencias que hoy pueden ser grandes. Esto no es aún visible, pues el grueso del sistema de educación superior mexicano sigue siendo bastante cerrado a pesar del Tlcan, y a su vez las Ies estadounidenses no han hecho por el momento una política agresiva de presencia en México. Uno de los pocos estudios empíricos sobre el tema (Rodríguez Gómez 2004) muestra que han sido limitados los efectos de la apertura comercial sobre la educación superior de México, en comparación con otras ramas de la economía. En los primeros diez años de vigencia del Tlcan la inversión extranjera directa en servicios educativos privados fue unicamente de 39 millones de dólares, de los cuales el 90% se aplicó a una sola operación, la compra de la Universidad del Valle de México por la compañía transnacional *Laureate Educational Inc.*

Sin embargo es muy lógico esperar que la presencia extranjera en la educación de México seguirá creciendo, apoyada en el Acuerdo General sobre Comercio y Servicios (General Agreement on Trade of Services o GATS). Se menciona en el párrafo anterior la adquisición de una de las Ies privadas más grandes del país, la Universidad del Valle de México -con treinta y cinco campi en la Ciudad de México y en otros seis estados de la república y un número de alrededor de 80.000 estudiantes- que ha pasado a integrar la red *Laureate International Universities*. Posteriormente la misma empresa adquirió otras dos universidades privadas (Rodríguez Gómez 2008) la más notoria de las cuales es la Universidad Tecnológica de México (UNITEC) con cuarenta y dos años de antigüedad, más de 40.000 estudiantes matriculados y poseedora de seis campi en la Ciudad de México y otros dos en provincia.

Ello se da en un panorama en que las propias Ies mexicanas, al igual que las de otros países latinoamericanos (Didou Aupetit 2005) empiezan a vender servicios al exterior. En vista de lo cual, el gobierno mexicano y las Ies cuentan con un plazo que podría ser aprovechado para establecer una regulación que encauzara el impacto de la apertura en el sistema de educación superior mexicano. Hasta ahora han predominado -según lo visto en el apartado anterior- fundamentalmente una serie de mecanismos de planeación que tienden a afirmar la conducción del gobierno en el rumbo del sistema de educación superior. Seguramente hay tras ello una preocupación por los desafíos planteados por la apertura comercial, pero no queda claro en que forma será encauzada la comercialización y la transnacionalización de los servicios educativos (Didou Aupetit 2004).

Modelos de gestión

Dado que el sistema de enseñanza mexicano en sus tramos anteriores a la educación superior tiene carencias[27], esta ampliación sin adecuados soportes y reformas institucionales determina que se importen a la educación superior problemas no resueltos en el conjunto del sistema educativo. Ésta puede ser una razón, entre otras, de que se haya producida cierta polarización social en el sistema de educación superior (y más en los anteriores niveles) uno de cuyos síntomas es la expansión de las instituciones privadas. Tal fenómeno es necesario examinarlo de acuerdo a una visión unitaria del sistema y no a una meramente competitiva (aunque la competencia sin duda existe) pues si bien algunas universidades privadas atienden a demandas de grupos de élite que buscan generar sus ambientes exclusivos en la educación no menos que en otros aspectos de la vida social, es necesario considerar también que un gran sector de la matrícula de educación superior privada se compone con educandos asimilables al estudiantado normal de las instituciones públicas y por tanto su preferencia expresa tacitamente algunas críticas a la gestión de la educación superior pública.

En opinión de algunos críticos la situación actual en el caso de las universidades públicas estaría marcando el agotamiento de

---

27 A ello responden desde hace décadas diversos ensayos de reforma de la educación básica, el último de los cuales radica en la "Alianza por la Calidad de la Educación en México", documento firmado por actores gubernamentales y sociales en 2008. Sobre las reformas en la educación básica véase Ornelas (2008).

un modelo de desarrollo de la educación superior mexicana que se expandió en las últimas tres décadas, caracterizado por una combinación de centralismo (sino abiertamente autoritarismo) burocrático y tecnocrático por un lado, con populismo por otro (Bartra 2000). Por una parte un denso aparato de control administrativo y normativo; por otra parte, trabajadores y estudiantes acostumbrados a buscar resultados por el simple método de la presión colectiva organizada, con la consecuente afectación negativa del servicio educativo. Sin embargo, aunque es cierto por una parte que este modelo de interacción entre protagonistas de las IES permeó en décadas pasadas a más de una universidad pública y aún sigue pesando, en otras IES se han buscado nuevas vías y sistemas de arreglo en las relaciones entre actores de la comunidad académica o entre estos y las autoridades educativas[28]. En el Distrito Federal, por ejemplo (que es la sede del gobierno nacional) la Universidad Autónoma Metropolitana (UAM) cuenta desde su fundación en 1973 con una estructura organizativa descentralizada, que pone coto a la burocratización y un número límite a la inscripción de estudiantes que impide el gigantismo; y un conjunto de organismos colegiados, que aunque lejos de un funcionamiento ideal, son no obstante un mecanismo efectivo para expresar la voz y eventualmente el descontento de diversos sectores, lo que hace que la estructura institucional de la UAM sea relativamente menos cuestionada y su historia menos conflictiva. La misma figura de los rectores de unidad[29] tiende a acercar al jerarca a la comunidad de cada campus, mediando entre ésta y la rectoría general[30].

---

28 Sobre el aspecto del pago de cuotas por los estudiantes en las universidades públicas, véase Varela Petito (1997).

29 La UAM se compone en la actualidad de cuatro campi o unidades; su gobierno lo encabeza un Rector General, pero además cada campus tiene un Rector de Unidad.

30 La Universidad Autónoma Metropolitana (UAM) fue creada en la década de 1970 no sólo con el objetivo de permitir un desahogo a la demanda de educación superior concentrada mayoritariamente en la UNAM, sino tam-

También el Instituto Politécnico Nacional (IPN) -cuya sede central se encuentra igualmente situada en el Distrito Federal- ilustra, hasta tanto no se concrete su anunciada autonomía, un caso de elevada dependencia directa del gobierno (pese a que estrictamente su estatuto jurídico es descentralizado). Pero paradójicamente esta mayor cercanía ha obligado al gobierno a involucrarse más efectivamente en la solución de los asuntos del Instituto[31]. En otras instituciones públicas, especialmente en algunos estados de la república, la centralización o recentralización de funciones en la rectoría ha sido una forma no menos paradójica de salvar el marasmo en que había caído la gestión universitaria, en manos de grupos rivales sin capacidad de lograr acuerdos[32].

Lo antedicho es obviamente distinto del modelo de administración de la educación superior privada, con diversos formatos pero algunas variables en común, como un mayor control institucional

---

bién con la intención de proveer un modelo académico alternativo, que prescindiera de los problemas de organización derivados del gigantismo de la primera. Otras universidades públicas de estructura más tradicional conservan por el contrario un sistema de gobierno más centralizado. (Véase López Zarate, González Cuevas y Casillas Alvarado 2000).

31 El IPN fue fundado en 1937 por decisión del gobierno federal, con la idea no sólo de fomentar la educación técnica sino también de contar con una institución de educación superior de alto nivel que hiciera contrapeso a la UNAM, devenida en un foco de oposición política. En consecuencia, el Instituto careció desde su origen de autonomía jurídica (es un organismo descentralizado de la Secretaría de Educación Pública) y su estudiantado sería al principio de extracción social más humilde que el de la Universidad Nacional, proveniente de sectores sociales nuevos, favorecidos por la política posterior a la revolución mexicana de 1910-1917 y presumiblemente más afectos al régimen. Durante la administración presidencial de 2000-2006, se anunció un proyecto de otorgar autonomía jurídica al IPN, pero el mismo ha quedado aparentemente estancado y no es claro que fuera bien visto por el conjunto de la comunidad politécnica, pues el desprendimiento del gobierno nacional en un período de cambios políticos y de restricciones presupuestarios no necesariamente es un buen augurio.

32 Sobre la situación de las universidades públicas de los estados véase Doger Corte et al (1998); Acosta Silva (2000); y Didriksson y Herrera (2002).

de docentes y estudiantes acorde con criterios gerenciales (Muñoz Izquierdo, Nuñez Gornés y Silva Laya 2004). Mientras que las modalidades de gestión y los parámetros (ciertamente variables) de calidad educativa esperada se relacionan en este caso en forma muy directa con el monto de las cuotas y la capacidad de pago de los usuarios, en el sector público los mismos factores requieren en mayor medida toma de decisiones políticas, lo que explica los tipos diferentes de administración o de conflicto que se pueden dar en uno u otro modelo. En la educación pública el "cliente"[33] más inmediato –si se identifica como tal al que financia– es fundamentalmente el gobierno. El público paga los impuestos, pero éste es un actor disperso y el suministro del presupuesto aprobado por el poder legislativo queda a cargo del poder ejecutivo. Sin embargo, por medio de la revisión de las cuentas del gasto universitario y la autorización de partidas presupuestales, el legislativo tiene actualmente un rol más activo en la fiscalización del ejercicio presupuestal de las instituciones de educación superior[34].

La función docente

Los problemas de gestión de la educación superior pueden observarse particularmente en el ejercicio de la función docente. En las grandes instituciones que atienden la demanda en grandes números, que son la mayoría de las universidades públicas mexicanas y a menudo también los institutos tecnológicos, la docencia es la función académica crítica, por tratarse de aquella de impacto más inmediato, especialmente cuando se trata de incrementar los números de estudiantes atendidos y a la vez de sostener o elevar

---

33 Se usa la palabra en sentido puramente metafórico, pues no se trata aquí de una relación comercial. Sobre este tema se vuelve en el capítulo V.

34 En virtud de lo dispuesto por la constitución mexicana (art. 74) la autoridad presupuestal recae en la Cámara de Diputados, que tiene la potestad de revisar la cuenta pública.

la calidad. La combinación de investigación y docencia no es la realidad global de la educación superior, porque la investigación es selectiva, y la docencia -en términos generales y de acuerdo a la política educativa, pero también a una necesidad social- es en cambio masiva[35]. La investigación, aún en países de desarrollo científico y tecnológico más avanzado que el de México, supone mayor selectividad que la docencia. Por eso los centros de investigación son reducidos en estudiantes y no todas las universidades los tienen. Cuando buscan impulsarlos, es más fácil hacerlo en espacios institucionales reducidos.

La preparación de los docentes se torna una actividad central dentro de los insumos para la docencia. Hay dos elementos a destacar: la actualización de los profesores y su capacitación pedagógica. Respecto al primero, la meta es asociar la carrera docente a la realización de estudios progresivos y en profundidad por parte del profesor, hasta llegar, por parte de una gran mayoría, a obtener el grado de doctor e inclusive, más allá, también tener experiencia de formación posdoctoral y otros modos de perfeccionamiento, de lo que se encargan el PROMEP y el FOMES. De este modo, durante una parte de su carrera, el profesor es estudiante avanzado a la vez que docente. Esto se debe, como ya se indicó, a que tradicionalmente era muy reducida la extensión del posgrado en México, no obstante que por lógica debería ser lo común para quienes siguen una profesión docente de largo plazo.

---

35 Como es de rigor, las IES mexicanas definen sus obligaciones en relación con tres funciones sustantivas: docencia, investigación y difusión de la cultura. Pero no todas hacen investigación de calidad ni difusión de la cultura en forma sostenida, y en los hechos tampoco se espera que la hagan, más allá de la definición formal de aspiraciones y objetivos. La demanda social y gubernamental se focaliza fuertemente en la docencia. Entre otras causas, a menudo ello se debe a un rasgo de origen. En efecto, las IES con mucha frecuencia nacieron para abastecer la demanda de profesionistas, docentes y técnicos, mientras que las funciones de investigación y difusión, cuando fueron encaradas, vinieron después.

En cuanto a la formación específicamente pedagógica de los profesores universitarios o de educación superior en general, se topa con un problema igualmente presente en otros países. La preparación de un docente universitario se juzga más por su conocimiento científico que por su habilidad magisterial. La situación es la opuesta a la que existe en la educación básica, donde sin perjuicio de las falencias que la afectan, al docente en formación se le transmite en todo caso un conocimiento estándard, normal, del currículum a impartir y a la vez una preparación específicamente pedagógica. En educación superior se privilegia exclusivamente el conocimiento profundizado de una disciplina o especialidad. No existe para el gran número de docentes, una capacitación que atienda este aspecto, a pesar de que en gran medida la enseñanza superior de primer ciclo tiene también características "normales", en el sentido de que se persigue la trasmisión de un conocimiento básico, estándard, de cada disciplina, dejándose la interiorización del estudiante en el conocimiento de frontera o de investigación para el ámbito del posgrado. Por lo que es lógico que el docente promedio (con variantes, según el talante o la experiencia individuales) responda a los requerimientos de su función con base en los esquemas de lo que vivió como estudiante, en modelos educativos casi siempre tradicionales, siendo éste, de hecho, el único entrenamiento pedagógico que ha recibido.

Para mucho docentes, no obstante las iniciativas de extensión de las nuevas Tecnologías de Información y Comunicación (Tic) a las aulas (Garrido 2006) las técnicas de apoyo se concentran todavía en el uso del pizarrón tradicional. Ello puede variar en carreras (ciencias básicas, arquitectura, ingenierías) que hacen indispensable el uso de otra infraestructura, pero hay a menudo dificultades de disponibilidad de aparatos, de materiales y de salones adaptados a su uso. Las "universidades virtuales", que publicitan algunas instituciones privadas o que despuntan en las públicas, están lejos de ser la realidad del conjunto del sistema de educación superior.

Solucionarlo requiere estructuras especiales de apoyo, pero influyen negativamente la rutina y la falta de preparación pedagógica de que hablamos en el párrafo anterior. En esto como en otros rubros de la innovación el estudiante, en función de su edad y de sus aspiraciones educativas, puede estar más motivable que el profesor y el acceso de estudiantes a computadoras es creciente, ya sea en el hogar o en las propias casas de estudio cuando éstas cuentan con recursos, pero tal avance se da generalmente fuera del aula y tiene una limitada incorporación a la interacción docente.

Otro interrogante no menos crucial es el de que tipo de cambios podrían traer las nuevas tecnologías en la estructura y el papel de las instituciones de educación superior. La posibilidad de la difusión a distancia de los conocimientos con métodos y técnicas más amenos que los tradicionales parece prometedora, sobre todo en cuanto al número de personas que podrían ser beneficiadas y la variedad de conocimientos puestos al alcance de la mano, pero ello implica tales impactos en las ideas de contenidos curriculares y relación docente-estudiante que suscita lógicos interrogantes acerca del futuro de las universidades[36].

En el rubro de la equidad también es un motivo de reflexión el que la difusión de la tecnología educativa o adaptada a la educación alcance realmente a todos los tipos de instituciones y estudiantes de educación superior para que no quede segmentada en su alcance, calidad y hasta disponibilidad de infraestructura, teniendo en cuenta la extensión y diferenciación del actual sistema de educación superior (y del conjunto del sistema educativo) y el hecho de que el acceso o la calidad del acceso a la nueva tecnología pueden

---

36 Es bueno recordar que, transformaciones académicas mediantes, las mismas existen por lo menos desde hace mil años y en ese lapso los cambios económicos, cognoscitivos y tecnológicos han sido gigantescos, sin que implicaran su supresión, aunque no deja de ser una advertencia el hecho de que en algunos períodos el conocimiento más innovador se produjera fuera de estas casas de estudio.

Capítulo I: Situación del Sistema

fomentar disparidades en el aprendizaje y la posterior inserción en el mercado de trabajo.

El tamaño de los grupos, incide naturalmente en el proceso educativo, mas no en sí mismo sino complementado por el método de interacción pedagógica utilizado. La relación profesor-estudiantes no refleja siempre la realidad, que puede ser cambiante de institución a institución y de nivel a nivel (en el posgrado puede haber grupos de escala familiar, mientras en los inicios de la licenciatura la situación puede ser otra, dependiendo de cada Ies). El tamaño del grupo no repercute sólo en la trasmisión formal de conocimientos, sino también en el ambiente afectivo del aprendizaje, mediado por la relación personal con el docente. Por esta razón, entre las medidas recomendadas actualmente se cuenta el impulso al sistema de tutorías.

Otro elemento es el de la exigencia académica. No es aventurado afirmar que predomina, en la licenciatura, un modelo de baja exigencia, que dificulta estimular al alumno destacado y ayudar a la superación del que encuentra obstáculos en su camino al conocimiento. Aunque ello también cambia según el profesor, se trata de un rasgo del sistema y no de las personas, pues de hecho el modelo predominante es poco exigente no sólo respecto del estudiante sino también del profesor. De modo que un buen profesor, valga la contradicción, no asegura por si solo un buen curso. En este contexto ir –como preconizan algunas teorías pedagógicas– hacia un modelo de profesor "facilitador" y de estudiante que aprende-enseñando es una buena intención, pero aún lejos de ser concretada (teniendo en cuenta que lo que interesa aquí es lo que sucede en el grueso de la enseñanza de educación superior y no en los extremos más avanzados del sistema). Ni los profesores están entrenados para ello (la experimentación es trabajosa y requiere inversión suplementaria de tiempo y capacitación del educador) ni el estudiante que viene de un aprendizaje muy rutinario y con vacíos tampoco está preparado (el profesor dedicado sabe que es un proceso laborioso motivar la participación del estudiante en el aula). Pero se puede hipotetizar en compensación que el estudiante, por distintos factores, y mediando un adecuado soporte pedagógico, estaría probablemente en principio dispuesto a la innovación, pues sus dificultades de participación en el aula vienen también de una práctica escolar básica que en gran medida reposa en y estimula la pasividad del educando[37].

Los métodos de evaluación de los estudiantes, por lo dicho antes son también heterogéneos, quedan a juicio de cada profesor (excepto cuando se implementan exámenes departamentales o equivalentes) y tienen que conciliar con las limitaciones señaladas. En cuanto a la actualización de los programas, en el caso de las universidades públicas, es una actividad que requiere mayor descentralización. Si bien se ha dado en los últimos años un esfuerzo importante, no es raro ver reformulaciones de programas que en el esquema institucional vigente llevan años para completarse, por lo que puede suceder que lo que era innovador en un principio se vuelva en el transcurso al menos parcialmente obsoleto. Puede suceder incluso, dependiendo de la institución en concreto, que durante el proceso, grupos académicos rivales se enzarcen polémicamente por el contenido a renovar. La confección de programas prevista en la normatividad de las universidades, que da la voz a órganos colegiados y comisiones especiales, lleva en el peor de los casos a la burocratización de una actividad que debería estar al margen de las pugnas institucionales y, en el mejor, provoca un enlentecimiento excesivo. Eventualmente, el sistema de discusión en consejos académicos de heterogénea composición[38] se torna gravoso. La

---

37 Observación basada en experiencias de grupos de enfoque con profesores de educación primaria y secundaria, realizada en 2002 con participación del autor.

38 De conformidad con la tradición latinoamericana de organización de la universidad con base en la autonomía jurídica, también las instituciones mexicanas correspondientes tienen un régimen de cogobierno encabezado por rectores y directores de unidades académicas, que a su vez son auxiliados

actualización, que se vuelve cada vez más necesaria, podrá lograr mayor eficacia si se generaliza la práctica ya en marcha de que las instancias institucionales superiores fiscalicen sólo las características esquemáticas del currículum de estudios, descentralizando su periódico ajuste a coordinaciones de carreras, programas o departamentos, que a su vez encarguen esta tarea a comités académicos seleccionados por su conocimiento y compromiso docente, que operen en tiempos razonables y con autonomía técnica.

Por otra parte, como ya se adelantó, la relación entre investigación y docencia no es tan directa ni evidente como debería ser, a pesar de que la mayor parte de la investigación nacional se realiza en las universidades públicas (aunque no en todas ellas). En primer lugar, porque la mayoría de los profesores de las instituciones de educación superior no son investigadores. En segundo lugar, porque el investigador profesional –y más aquel de alto nivel– tiene una relación muy acotada con el estudiante de licenciatura: o da pocas clases en este nivel o lo hace en el marco de contenidos curriculares que no siempre se relacionan con sus investigaciones. A nivel de posgrado y sobre todo de doctorado, la relación entre investigación y docencia es muy directa. Pero si se vuelve la mirada a las maestrías (que es el tipo de posgrado con más matrícula) dependiendo de los programas y de los recursos disponibles pueden presentar, aunque en menor escala, problemas de relación docencia-investigación similares a los de la licenciatura, y por lo demás existe últimamente una tendencia a convertirlas en simple paso de la licenciatura al doctorado, reduciendo su papel como instancias de formación de investigadores. En tercer lugar hay que contar también que la enseñanza de licenciatura suele ser básica y rutinaria y no atrae al investigador fijado en la novedad, o apremiado por sus necesidades de productividad académica y gestión de proyectos. Y en cuarto lugar, dadas las características arriba

---

por consejos con participación de funcionarios, académicos, estudiantes y a veces también de administrativos.

enunciadas de organización de la docencia o de orientación vocacional del propio educando, no prosperan demasiado los intentos de hacer del estudiante de licenciatura un investigador, aunque selectivamente pueden alcanzarse logros en este camino. El mismo requiere un tipo de institución dedicada fuertemente a la investigación, con un cuerpo de profesores integrado por investigadores profesionales, estudiantes seleccionados por su inclinación a la misma actividad y un modelo de relación docente-estudiante permeado también por la investigación. Un régimen así puede funcionar naturalmente en segmentos académicos, y sobre todo en el posgrado; es más difícil instrumentarlo en el pregrado y en el conjunto de una institución.

Sin embargo, es necesario señalar, en quinto lugar, que no sería indispensable que todos o la mayoría de los profesores sean investigadores, para tener una educación superior de calidad, pues al ampliarse la educación superior resulta más viable formar docentes de buena calidad en cantidad suficiente para atender una matrícula en expansión, que no profesores-investigadores que requieren más tiempo de adiestramiento y una inclinación vocacional relativamente escasa. Lo decisivo es la formación de los profesores, su actualización y motivación y sobre todo su desempeño en el marco de un sistema de enseñanza-aprendizaje adecuado. Pero también es ideal a efectos de no generar –en el otro extremo– una polarización entre investigación y docencia, que el profesor, aunque no practique sistematicamente esta función, tenga en el curso de su formación permanente una o más experiencias de investigación en profundidad, asociando en lo posible a sus estudiantes. La realización de posgrados –especialmente doctorados– posibilita este objetivo, aunque no es la única forma de concretarlo.

Capítulo II

RUTAS DE LA PLANEACIÓN

Marco de comparación

De acuerdo a la periodización de IESALC (Instituto Internacional para la Educación Superior en América Latina y el Caribe 2006) la educación superior latinoamericana ha pasado por sucesivas reformas. La primera, centrada en el tema de la autonomía, fue iniciada como se sabe en la Universidad de Córdoba, Argentina, en 1918. En la misma tuvieron un papel central los estudiantes, entre otras razones porque provenían en creciente proporción de grupos medios fruto de la modernización, que resentían el arcaísmo educativo y político. Socialmente se trataba del pasaje de una educación de élites a otra que aunque seguía siendo de minorías suponía un reclutamiento más vasto, lo mismo en términos numéricos que por la procedencia social de los estudiantes, pertenecientes a las nuevas clases medias. A la sombra de este movimiento se consolidó un modelo de educación superior pública, gratuita y monopólica. La calidad de la enseñanza impartida era confiable y relativamente homogeneizada por mecanismos exclusivamente internos de evaluación, sea de estudiantes o de académicos[1]. El objetivo de la educación habría sido la formación de profesionales que más allá del

---

[1] Una de las reivindicaciones de la Reforma Universitaria había sido justamente la del ingreso de los profesores por concurso de méritos.

ejercicio independiente de las profesiones liberales sirvieran también como cuadros para la administración de los Estados nacionales o como técnicos para la industrialización incipiente[2].

La segunda de las mencionadas reformas habría sido marcada por la "mercantilización", aunque otros autores hablan de masificación (Varela Petito 1996). Sería un resultado de la crisis de la educación pública gratuita debida a restricciones económicas y conflictos políticos, económicamente asociadas al estrangulamiento de la industrialización por sustitución de importaciones, que habría imposibilitado seguir cubriendo la creciente demanda por educación. Al mismo tiempo se dio –con variantes por país– el nacimiento o expansión de la educación superior privada[3] y la conformación de modelos duales de educación superior, con alta heterogeneidad en términos de calidad, acceso y financiamiento. Por parte del estado se habrían generado en forma concomitante políticas "populistas"[4] de masificación universitaria que iniciaron la etapa de caída de la calidad. Ello habría acarreado efectos como: incremento no regulado de la matrícula pero también 50% de feminización de la misma[5]; reducción (en parte por descontrol) del papel rector del estado en beneficio de su rol como agente asignador de recursos; diferenciación, regionalización y diversificación de las instituciones públicas y privadas; y como reacción, establecimiento de restricciones al ingreso en las universidades públicas, modificando lo que había sido la tradicional equidad en la educación superior pública,

---

2   Dado que la educación técnica tuvo (y en parte sigue teniendo) un desarrollo rezagado, las universidades han sido tradicionalmente formadoras también de técnicos que egresan de las carreras de ingeniería o de otras de cuño científico (Lorey 1993).

3   Empezando por las IES confesionales (Levy 1986).

4   Pero este término debe tomarse con cautela, pues en el discurso político se ha utilizado con muy diversos sentidos y objetivos. Véase al respecto Laclau, 2006.

5   Lo que en sí es un indicador de la apertura de las IES a grupos sociales que antes habían estado excluidos de la educación superior.

al menos respecto de la clase media. Dicha implantación de restricciones no es pareja en todos los países de América Latina, en algunos como Brasil y Colombia se da en forma más pronunciada (Levy 1986); pero es una tendencia que con variantes se perfila en todo el subcontinente.

La segunda reforma se habría agotado por ausencia de mecanismos de aseguramiento de la calidad, lo que repercutiría en el deterioro del valor real de los títulos de estudios superiores. Al mismo tiempo se habría dado un aumento de la inequidad en las instituciones públicas por una lenta y solapada elitización, ausencia de acceso de grupos minoritarios específicos como los indígenas y alta deserción y rezago en los estudios[6]. La ausencia de sistemas universitarios integrados, que producen competencia local, encarecería los costos de promoción, produciendo saturación en los mercados de empleo profesional e ineficiencias académicas. En resumen, algunas inequidades como la regional y de género se abatieron, pero a cambio otras se mantuvieron o crecieron, particularmente en lo relativo a la calidad de los estudios, afectada por la gran heterogeneidad del sistema de educación superior, ya sea por la diferenciación entre instituciones públicas y privadas (estas últimas como se ha visto crecieron notablemente en dicho período) o por los clivajes de atención educativa en el interior del mismo sistema público. En el sector privado la diferenciación de calidad se genera por lógicas de mercado basadas en precios dife-

---

6 Este argumento es parcial: en países como México en realidad se dio una relativa apertura social de las IES, que no obstante fue más real en el ingreso que en el egreso. Al incrementarse las tasas de aceptación, también aumentaron las de reprobación y deserción. En cuanto a la exclusión de grupos como los indígenas o los más pobres, no fue obviamente una novedad de la segunda etapa, sino un hecho desde la fundación misma de estas universidades (algunas en la época colonial). En realidad en la segunda etapa no se produce una elitización, sino que la elitización ya existente resiste o persiste no obstante una mayor apertura relativa de las IES (en concreto, de las universidades) en parte como reacción a los problemas de calidad y masificación.

renciados; en el sector público, por recortes presupuestales, exceso de expansión y diversa intensidad en la dedicación docente, a veces estimulada por cambios organizativos inducidos por las autoridades académicas.

En conjunto, según este diagnóstico, en el momento del despegue mundial de la sociedad del conocimiento, la región dispone de obsoletos sistemas pedagógicos para apropiarse y transferir los nuevos saberes en el contexto de la globalización. Los principales beneficiarios de la educación superior gratuita serían los ya de por sí privilegiados en la escala social, porque el sistema educativo tendría un efecto redistributivo progresivo para los ricos y regresivo para los pobres[7]. A la selección social en sentido amplio se sumaría la selección escolar propiamente dicha provocando un efecto multiplicador negativo[8].

La tercera reforma, ahora en curso, implica la internacionalización de la educación superior latinoamericana. Se ha dado por evolución histórica la conformación de un modelo tripartito público, privado y privado externo, por el cual la matrícula nacional ya no está sólo en el país, en función del nacimiento de la educación virtual y la aparición de modalidades pedagógicas híbridas. El estado adquiere un nuevo rol y se establecen sistemas nacionales de aseguramiento de la calidad. A causa de la saturación de la oferta de trabajo en algunos segmentos del mercado de trabajo de

---

7 Ver cifras al respecto, en el documento de IESALC citado.

8 Pero este análisis debería acompañarse de un examen más detallado de diversas situaciones nacionales, regionales e institucionales. Paradojicamente los efectos regresivos de la segunda reforma acompañan otros de tono progresivo ya señalados, como la feminización de la matrícula o la inauguración de instituciones de educación superior en regiones que antes carecían de ellas. La democratización siempre acarrea resultados contradictorios, pero no por ello balances netamente negativos. La oposición en bloque que los estudiantes suelen presentar a las reformas de la educación superior, sugiere que más allá de las carencias del sistema educativo, estos no perciben a las IES del período de la segunda reforma en términos tan críticos como lo suelen hacer los expertos.

los egresados de la educación superior, se genera demanda de un cuarto nivel educativo altamente diferenciado, no completamente cubierto por las instituciones nacionales, dado que éstas no siempre se encuentran en condiciones de brindar formación de un alto nivel de especialización. Por tanto, basado en dicho y otros factores, se establecen alianzas internacionales universitarias en el marco de una mercantilización global de las Ies y de la discusión del rol de la educación como un bien público. Se afirma la heterogeneidad institucional y de modalidades de gestión, en un escenario global dominado por la flexibilización de las estructuras académicas y administrativas. Los valores invocados son la búsqueda de la equidad, de la diversidad y de la flexibilidad de las instituciones de educación superior. En América Latina los proveedores transfronterizos son particularmente españoles y están localizados en los posgrados. En el Caribe son especialmente estadounidenses[9]. La modalidad predominante es la de las alianzas, pero coexisten en todos los países diversas formas de educación transnacional. Los proveedores externos suelen estar acreditados; no así las Ies locales, que lo están en pocos países de la región y con variantes. Aparte de ello, y en consonancia con la transnacionalización de la educación superior, ha crecido el número de estudiantes de la región en el extranjero, superando el medio millón sólo en Estados Unidos.

En síntesis, la educación superior en la región se caracteriza al presente (Iesalc 2006) por:

1. Diferenciación calidad-precios en el sector privado y calidad-acceso en el sector público que generan inequidades sociales.
2. Restricciones en el financiamiento público e incremento de la actividad comercial de las universidades públicas y privadas en

---

9   Sobre México y otros países latinoamericanos, ver Didou Aupetit (2000 y 2005).

un contexto competitivo y con economías débiles y con altos niveles de desigualdad y pobreza.

3. Inestabilidad, muy reciente establecimiento de sistemas de aseguramiento de la calidad, procedimientos lentos y baja eficiencia en promover reformas.
4. Baja presencia de modelos públicos de gestión eficientes y eficaces y ausencia de mecanismos de incentivo.
5. Inequidad en el acceso para los sectores mayoritarios: negros, indígenas, pobres, que derivan en bajas coberturas nacionales.
6. Irrupción de una nueva competencia de la educación transnacional y de la educación virtual local e internacional, con ausencia de respuestas públicas.

Etapas de planeación y política

La evolución de la planeación de la educación superior en México, en el último tercio del siglo xx, con prolongaciones hasta el presente, coincide en el tiempo con los dos últimos períodos de reformas según la periodización anterior. A partir de 1970 se presta en el país una atención con pocos precedentes al nivel educativo superior[10]. La idea central fue la de trasplantar al ámbito nacional una serie de instrumentos probados en otros países (Varela Petito 1987; Coombs 1971). Ante una situación que se tornaba insostenible, las autoridades educativas prefirieron experimentar antes que permanecer en la inacción.

La experimentación arrojó saldos contradictorios, tanto por dificultades propias del ajuste técnico a un campo social con características específicas, como por reacciones de los actores involucrados.

---

10 En épocas anteriores, en respuesta a conflictos políticos que se combinaban con movimientos estudiantiles (sobre todo focalizados en la UNAM; Mabry 1982) el gobierno había preferido desentenderse del problema universitario por medio de la concesión de la autonomía y el impulso ya referido a la educación tecnológica centralizada en el IPN.

Para estas réplicas la política educativa debió diseñar respuestas igualmente específicas. Lo principal era una estrategia de planeación diseñada centralmente pero que sin embargo se pretendía implantar en forma más o menos homogénea en instituciones autónomas como las universidades, que eran y en gran medida siguen siendo predominantes a nivel de la educación superior. La respuesta –casi instintiva– fue la de generar cambios periódicos de estrategias y de instrumentos. No obstante a partir de 1970 hubo cierta continuidad en la intención de construir un sistema actualizado e integrado de instituciones de educación superior. Pero no se dio una secuencia ordenada de eventos sino que pese a importantes esfuerzos de planeación en el papel, pragmáticamente se aprobaron medidas, se aplicaron y se hicieron ajustes en la misma medida en que emergían nuevos problemas de diverso tipo a la hora de la implementación, sin proveer a menudo una aclaración de los efectos y los límites de lo experimentado y por tanto de las razones del cambio. Ello da cuenta de lo eminentemente político del proceso[11].

El análisis comprende varios períodos y distintas fases que podríamos calificar de experimentales de la educación superior, ligadas a variadas coyunturas económicas y de disponibilidad de fondos. Es conveniente encarar el tema en tres tiempos, de acuerdo con los instrumentos privilegiados por la política oficial para la educación superior. El primer período es de reformulación de la política (Varela Petito 1987). Esta denominación es en realidad muy amplia porque señala una diversidad de instrumentos aplicados básicamente entre 1970 y 1976[12]. Un segundo período

---

11 Teniendo en cuenta a nivel conceptual, la relación entre política en términos generales, en tanto juego de poder, y política pública en cuanto orientación estratégica especializada, dirigida a la solución de problemas de interés colectivo (Méndez 2000).

12 El entonces presidente Luis Echeverría Alvarez (1970-1976) se hallaba severamente cuestionado por haber sido secretario de Gobernación en el momento de la masacre estudiantil de octubre de 1968 y tal vez por ello, entre otras

corre aproximadamente de 1978 a 1986, en que predominó la planeación formal, buscando generar ese sistema de educación superior unificado y homogéneo. El proyecto se había diseñado con anterioridad, pero es en estas fechas cuando se pondrá énfasis en su concreción. Un tercer período parte de 1990 y el instrumento privilegiado pasa a ser el de la evaluación institucional de la educación superior (Varela Petito 1993).

De 1976 a 1978 corre el plazo entre el final del gobierno de Luis Echeverría Álvarez y el lanzamiento del sistema nacional de planeación de la educación superior por parte de una nueva administración (Secretaría de Educación Pública y Asociación Nacional de Universidades e Institutos de Educación Superior 1981). En 1986 se aprueba el Programa Integral de Desarrollo de la Educación Superior (Proides) que será la base de la política de educación superior del gobierno que se inicia en 1988, que posteriormente habrá de impulsar la evaluación (Mendoza Rojas 2002).

El gobierno que entró en funciones a fines de 1970 heredó una fuerte crisis de la educación superior, tanto por razones educativas como políticas, que tenían que ver con rigideces del sistema político cada vez más evidentes desde fines de los años cincuenta y que redundaron en una incapacidad notoria para tratar los acontecimientos estudiantiles de 1968 que culminaron en la masacre de la plaza de Tlatelolco (Zermeño 1978).

El panorama de la educación superior mexicana durante la década de los sesenta repetía algunas características ya mencionadas, visibles incluso en otros países con grados distintos de desarrollo socioeconómico. Por una parte el estudiantado se concentraba casi exclusivamente en las universidades. Por otra parte el crecimiento económico y demográfico de la segunda posguerra había redundado en niveles ampliados de escolarización básica que con el tiempo tendieron a incidir en un crecimiento acelerado de

---

razones, se sintió obligado durante su gestión a realizar una apertura hacia la educación superior, por más que ello no lo libró de cuestionamientos.

la educación superior. Ello comenzaba a plantear estrecheces de mercado de trabajo para los egresados y de calidad decreciente del servicio educativo por saturación de una estructura de atención docente que no se reformaba con la misma velocidad ni en forma adecuada a la demanda. Ambos fenómenos se potenciaban en la medida en que las universidades titulaban a egresados que empezaban a ver limitadas sus oportunidades de trabajo[13].

Esto trajo a primer plano la cuestión del balance entre cantidad y calidad de la educación, puesto que si el aumento de los números sin un cambio parejo de la atención escolar producía deterioro en la calidad, a su vez la baja de calidad podía generar una distorsión friccional de la oferta laboral: escasearían profesionistas adecuadamente formados al tiempo que abundarían egresados con limitaciones en su preparación[14] (una combinación de exceso y escasez). Pero de hecho el enfoque predominante de la política educativa de esta época se orientaba a la cantidad, por más que la calidad estuviera también contemplada en el discurso y especialmente en la concepción predominante de que planear era sencillamente ajustar medios a fines en una secuencia temporal programada de forma anticipada (Castrejón Diez 1981). En teoría buscar medios suficientes para la atención de los problemas implicaba preocupación por la cantidad; pero afirmar que dichos medios debían ser idóneos a las metas definidas quería decir también orientación a la calidad. Mas dadas la urgencias educativas y los reparos políticos

---

13 No obstante téngase en cuenta que el mercado de trabajo es también una realidad flexible y adaptativa, por lo que dichas tendencias no son unilaterales. Pero sin duda ha habido una transformación de las oportunidades laborales de los egresados de la educación superior que ha producido importantes cambios en las expectativas de movilidad y empleo asociadas a este nivel de enseñanza (véase Muñoz Izquierdo 1996, e Instituto Nacional de Estadística, Geografía e Informática 1993).

14 También, como en la actualidad, se pueden presentar problemas de desempleo de los universitarios por razones de desinformación o carencia de orientación vocacional (Muñoz Izquierdo 2006).

predominó lo cuantitativo en la política del sexenio de 1970-1976 (Varela Petito 1996).

El equipo gubernamental de 1970 tenía ante todo la necesidad, de cara a las universidades, de conciliar políticamente, cosa difícil de lograr en ese momento. Además se veía obligado a actuar en varias y complejas direcciones en lo que tenía que ver específicamente con el proceso técnico de la educación superior. En consecuencia el sexenio se caracterizó por múltiples, aunque no siempre bien coordinadas, iniciativas.

La principal de ellas era la atención de una demanda para la cual la estructura docente –hasta entonces centralizada en dos instituciones (Unam e Ipn)– resultaba insuficiente. Era un asunto que potenciaba todos los demás, puesto que las carencias de atención se reflejaban en cuestiones tales como las carencias de infraestructura, la provisión y capacitación de educadores, las necesidades monetarias y la falta de una diversificación de opciones de estudio (amén de otras).

Mencionar estas variables es lo mismo que listar otras tantas medidas que tomaron las autoridades educativas, en relativo acuerdo con las instituciones de educación superior (Castrejón Diez 1976; Bravo Ahuja y Carranza 1976). En primer lugar se trató de dar impulso a la estructuración y diversificación del sistema de educación superior, en tres ramas principales: la universitaria, la tecnológica y la normal. Esta división existía con anterioridad, pero de un modo atrofiado, puesto que la gran cantidad de la matrícula se dirigía solamente a las universidades. El éxito de este intento fue limitado, pero de todos modos se echaron los fundamentos de un cambio que siguió madurando en los años siguientes (Latapí 1980).

Mayores logros hubo en la diversificación de las carreras y opciones de estudio, que tuvieron una notable expansión, aunque no tanto en el intento de lograr una distribución más racional de la matrícula por áreas de conocimiento, ya que la mayoría de los estudiantes se ha seguido inscribiendo hasta la actualidad, en un puñado de carreras tradicionales[15].

El financiamiento público de la educación superior tuvo en esta época un notable incremento, tanto en términos nominales como reales (Varela Petito 1996). Se empezaron a llevar a cabo –con resultados desparejos– programas de formación de profesores, y a la vez se organizaban en forma sistemática en las casas de estudio, investigaciones sobre temas educativos que antes no habían captado mayor atención. Pero en lo referente a la creación y la coordinación de un sistema de educación superior hubo un notorio fracaso. La aplicación de la idea de sistema significaba organizar a las instituciones de educación superior en un conjunto dotado de metas comunes, lo que eventualmente permitiría usar insumos con eficiencia y lograr desempeños globales con eficacia. Éste era, de manera explícita, el objetivo principal de la política gubernamental. Pero fue bloqueado por la ausencia de desarrollo de un sistema real de planeación de la educación superior[16].

En lo político las universidades públicas incentivaron su papel como hogar de movimientos estudiantiles y sindicales de protesta, contrarios al gobierno, en un nivel inclusive más amplio que el que se había dado en 1968, puesto que instituciones de provincia que habían estado al margen del conflicto de ese año ahora se incorporaban a la oposición. En cuanto al sindicalismo universitario, que abarcaba tanto a trabajadores académicos como administra-

---

15 Aún en 2007-2008, un 47% de la matrícula de licenciatura se agrupa en el área de Ciencias Sociales y Administrativas, donde se encuentran algunas de las carreras de opción más tradicional por parte de los estudiantes (calculado con base en números absolutos de Informe de Gobierno 2007, cit.). Pero debe observarse que esto no se debe a tradicionalismo en sentido abstracto, sino al hecho de que este tipo de estudios muchas veces opera como un zona de refugio frente a las incertidumbres del mercado de trabajo, al ofrecer una pluralidad de desemboques laborales.

16 Que en cambio sería el elemento central de la programación educativa del período presidencial siguiente, de 1976-1982.

tivos, como fenómeno emergente es muy típico de esta primera mitad de los años setenta y en algunos casos como el de la Unam estaría destinado a convertirse en el nudo principal de la política universitaria y sus avatares (Varela Petito 1988). No obstante hay que marcar dos importantes diferencias en la relación entre movimientos sociales universitarios y gobierno. En primer lugar, desde 1970 hubo un giro conciliatorio en la actitud gubernamental hacia las universidades; en segundo lugar, si bien los movimientos universitarios cumplieron un papel considerable en la vida política nacional, su conflictivad se volcó especialmente hacia el interior de las casas de estudio, generándose fuertes fricciones con las autoridades de las mismas, cosa que no había sucedido mayormente en 1968 (Zermeño 1977).

Para entender la postura gubernamental hacia la educación superior, es necesario considerar la evolución política general. Simultáneamente a las medidas adoptadas para la educación superior, el estado mexicano emprendió una serie de reformas amplitud (con importantes repercusiones de futuro) que habrían de conducir, como sucede en estas ocasiones, a modificaciones más profundas de aquellas concientemente queridas y planeadas. En lo que tiene que ver con el aparato de gobierno, esto significaba tomar decisiones que afectaban el manejo tradicional de la administración pública, tal como se había consolidado en el período posrevolucionario. (Es en esta época cuando se empieza a hablar con mayor énfasis de reforma administrativa.) Lo que también implicaba un cambio en las relaciones entre sociedad civil y estado. En lo que concierne a la la educación superior, el desafío consistía tanto en lograr una restauración de los vínculos entre gobierno y casas de estudio, como en abrir una vía de comunicación burocrática que sirviera de correa de trasmisión de la política oficial, papel que empezó a cumplir la Anuies.

Pero no obstante las reformas, este lapso crucial de 1970-1976 en que se trató de dar un gran salto en el desarrollo de la educación superior, dejó un saldo irregular y en parte desalentador. En el siguiente sexenio (1976-1982) el interés político se centraría en un mayor impulso a la planeación de la educación superior (Villaseñor García 1988). Ello coincidiría con un época de apaciguamiento creciente de las relaciones gobierno-universidad, y con la gran derrama económica producida por el boom petrolero de 1977-1981, que permitió a las autoridades federales canalizar recursos a cambio de ciertos acuerdos con las instituciones. El enlace SEP-ANUIES retomó proyectos tendientes a la unificación de la educación superior en un sistema, mediante la propagación de la planeación (que hasta entonces sólo era practicada en forma sistemática por algunas instituciones como la UNAM) y la coordinación de los distintos centros de educación superior. Anteriormente propuestas similares no habían pasado de la fase de proyecto, entre otras razones por miedo a provocar nuevos conflictos con las universidades. En ello se percibía la contradicción entre distintos objetivos de la política gubernamental: por un lado la intención de evitar nuevos clivajes como los de 1968; por otro lado, la voluntad de cambiar la educación superior. En esa oscilación el gobierno prefirió muchas veces no actuar.

Esto permitía que se perpetuaran situaciones como la de la inexistencia de nuevas y necesarias leyes para la educación superior. No había habido una ley federal en esta materia desde que en 1945 se aprobara la ley orgánica de la UNAM. A partir de 1976, en dicho clima de relativa distensión entre gobierno y universidades, se tomarían varias iniciativas importantes. En primer lugar, el lanzamiento en Puebla en noviembre de 1978, durante la XVIII° Reunión Ordinaria de la Asamblea General de ANUIES, del Plan Nacional de Educación Superior, luego profundizado por un documento ulterior (Secretaría de Educación Pública y Asociación Nacional de Universidades e Institutos de Educación Superior 1979 y 1981) y en fecha intermedia, en 1979; la aprobación de la Ley Nacional de Coordinación de la Educación Superior; y la elevación a rango

constitucional de la autonomía universitaria, junto con la norma-
tivización de las relaciones laborales de las instituciones de educación superior autónomas (Villaseñor García 1988).

Pese a que venía a llenar un vacío, la Ley de Coordinación de la
Educación Superior no tuvo mucho efecto en la práctica. El Plan
en cambio tuvo mayor incidencia, aunque no exactamente la que
buscaba. A partir de su aprobación se intentó generalizar en forma
efectiva la práctica de la planeación en todas las instituciones de
educación superior, mediante el lanzamiento del Sistema Nacional
Permanente de Planeación de la Educación Superior (SINAPPES). Tal
esquema institucional generó una serie eslabonada de instancias
que iban desde el nivel más general y nacional, al más particular
de cada centro de estudios. Así, a nivel nacional se creó la Coordinación Nacional para la Planeación de la Educación Superior
(CONPES) destinada a jugar un papel muy importante; le seguían
las Coordinaciones Regionales para la Planeación de la Educación
Superior (CORPES) que teóricamente (dado que su funcionamiento
nunca se concretó debidamente) cumplirían funciones de programación para grupos de entidades federales; luego las Coordinaciones Estatales para la Planeación de la Educación Superior (COEPES),
que funcionarían en cada estado de la República pero cuyo destino
sería similar al de las CORPES; y finalmente las Unidades Institucionales de Planeación (UIP) que tendrían un papel más sustantivo.
Estos diversos peldaños organizativos tuvieron una existencia y
un funcionamiento muy desiguales[17]. Por ello hay que separar, en
la historia de los planes y programas de la educación superior, lo
formal de lo real. La propia ANUIES sugirió esta tarea, al dar a luz
en 1985 un diagnóstico muy crítico del funcionamiento de las unidades de planeación, siete años después de forjado el Plan (ANUIES
1985; véase también Fernández y Santini 1992).

---

17 Así, en una fecha tan tardía como 1997 la SEP se propuso la reactivación de
los COEPES, que no estaban cumpliendo adecuadamente su función (Rubio
Oca 2006b).

Era lógico que una iniciativa de tamaña extensión encontrara problemas de ejecución, especialmente en su fase de implantación. Pero los inconvenientes mencionados son sintomáticos. Se lograron avances sobre todo en el andamiaje de una práctica de planeación antes inexistente. Pero se obstaculizó el funcionamiento coordinado del conjunto institucional, que era lo que buscaban los diseñadores de la política. Era difícil, en las condiciones de descentralización y de descoordinación de que se partía, lograr un modelo de trasmisión de directivas en forma fluida y eficiente (el propio concepto de autonomía pone en cuestión la idea de recibir y obedecer órdenes). El modelo resultaba en la práctica muy pesado y burocrático, y la crítica posterior de los mismos funcionarios gubernamentales habría de señalar el hecho de que se buscara más proveer o fiscalizar insumos (sobre todo en materia de matrícula, docentes y presupuesto) que de asegurar resultados. El avance en apariencia (que todas las instituciones acordaran adoptar la planeación como una actividad permanente y organizada) no garantizaba progresos en materia de calidad y ni siquiera en el ensamble efectivo de las distintas instancias del SINAPPES. De ahí que con el andar del tiempo (y también debido a cambios producidos en la programación pública) se apelara a un método más específico, de ágil manejo y dirigido a la obtención y medición de resultados, como es la evaluación, que en la educación superior mexicana empezaría a instrumentarse a partir de 1990 (Secretaría de Educación Pública 1992). Las mismas razones de su adopción son las que explican su relativo desprendimiento respecto del conjunto del SINAPPES.

A esto es preciso añadir, como dato histórico, la relativa pérdida de confianza en la planeación educativa que sobrevino luego de su aplicación en otros países (Williams 1972). La crisis del estado interventor y la adopción de nuevos enfoques racionalistas haría mucho en favor de este giro. Pero en todo caso a la sombra de la planeación despuntó también el uso del financiamiento público como llave maestra de la política educativa, que cobraría un peso creciente en los años siguientes, a la luz de la disminución de recursos que trajo la crisis económica declarada en 1982. En cuanto a los movimiento sociales vinculados a la educación superior, hubo una decantación o disminución. En la segunda mitad de los setenta la disidencia política de orígen universitario se concentró en la reorganización o consolidación de partidos políticos, en el acceso a escaños parlamentarios, y en ciertos experimentos sindicales localizados, en su mayoría, en la educación superior. En la esfera de estatal es ésta la época de la llamada "reforma política", que permitió el ingreso de los partidos de izquierda al Congreso. Lo que parcialmente se relacionaba con la educación superior, dado que las universidades eran hasta ese momento la principal base política de la izquierda a la que la reforma política buscaba incorporar (Rodríguez Araujo 1989).

En el manejo de la educación superior se dio una mezcla de reformismo y tradicionalismo. Hubo cierto continuismo, en el acercamiento no exento de vaivenes del gobierno federal con las instituciones de educación superior y la adopción más o menos generalizada –con las limitaciones señaladas– de la técnica de la planeación. Pero fuera de esto no hubo innovaciones importantes, comparables a las del sexenio anterior. Las autoridades se volvieron a plantear el problema de la compatibilización de la autonomía universitaria con las políticas oficiales y para ello recurrieron al manejo presupuestario de forma matizada, no en tanto amenaza de recorte por motivos de orden público (como fuera el caso a fines de los años sesenta) pero sí como mecanismo de presión y negociación para el cumplimiento de la política educativa.

Bajo este esquema de negociación cobrará especial relieve, como problema concreto de implementación, lo que las autoridades públicas y analistas de la educación han dado en llamar "simulación", o sea un seudocumplimiento de las metas educativas por parte de las casas de estudio (Varela Petito 1993). Fenómeno explicado, entre otros motivos, por el carácter político de la negociación entre instituciones de educación superior y de gobierno, y que se agudiza cuando la relación se da con instituciones especialmente críticas de este último, como fuera frecuente en México a partir de los años de 1960[18].

Por lo demás se siguió registrando en esta etapa el síndrome de la excesiva heterogeneidad de las instituciones de educación superior. Esto es justamente lo que la planeación se proponía remediar, pero las mismas Unidades Institucionales de Planeación fueron a menudo absorbidas por las dinámicas particulares de tal forma que estuvieron lejos de actuar como promotoras de la homogeneización sistémica. La falta de claridad y regularidad en el funcionamiento de los sucesivos eslabones del SINAPPES (CONPES, CORPES, COEPES y UIP) tampoco ayudó al éxito.

Un inconveniente particular fue el de la endogeneización de las oficinas de planeación de las universidades como organismos excesivamente dependientes de sucesivos rectorados, lo que les impidió hacer un trabajo de más largo aliento; aunque tampoco era bueno que dichas oficinas se desprendieran totalmente de la vida cotidiana de las instituciones, constituyendo núcleos pensantes de dudosa operatividad (ANUIES 1985). Quizás la solución correcta hubiera sido la de instrumentar adecuadamente la complejidad de cada una de ellas, de acuerdo con el tamaño y las necesidades de la institución respectiva, distinguiendo las tareas e instancias ad-hoc y a corto plazo, de otras de más largo aliento a las que fuera necesario proteger de oscilaciones temporales. Otro problema igualmente difícil de dilucidar sería el de la oportunidad de los cambios ocasionados por la designación de nuevos rectores: un excesivo nivel de cambios cada vez que rotan los mandos puede ser el síntoma de una politización nociva de la estructura académica

---

18 Una dinámica de este tipo llegó a su clímax en el caso de la Universidad Autónoma de Guerrero (sita en el estado del mismo nombre) a mediados de la década de 1980, a la cual el gobierno quizás eligiéndola por sus características políticamente desafiantes como caso ejemplarizante, le retiró el subsidio estatal durante un tiempo prolongado.

y administrativa. Pero esto no puede ser afirmado con seguridad prescindiendo de la información concreta acerca de los sistemas de relaciones internos de cada universidad, así como de sus vinculaciones con los sistemas políticos de las entidades locales en que están enclavadas[19].

El balance de esta fase es una combinación de planeación indicativa con un particular contractualismo político entre Sep e instituciones de educación superior[20], mediado por Anuies y condicionado por el financiamiento, pero también contrapesado por relaciones directas entre Sep e instituciones individuales, o entre Sep y grupos de universidades, al margen de Anuies, dinámica que ha perdurado. Así, los dos polos que tensan la política educativa son por un lado el financiamiento y por otro la autonomía de las universidades. El primero determina un elemento de centralización gubernamental y el segundo un elemento de dispersión institucional.

También es importante observar, en la transición entre el predominio del enfoque macro de la planeación y el uso desenvuelto de la evaluación (que se inicia a partir de 1989-1990 aproximadamente) los cambios producidos en el mercado de trabajo. La situación laboral de los egresados de la educación superior era muy distinta a fines de los años sesenta, cuando estalla la crisis universitaria, de lo que será en la década de los ochenta. Hacia los sesenta decaía el prestigio de las profesiones liberales, su mercado de trabajo se saturaba y comenzaba a ser cuestionado el nivel de preparación de los egresados. Pero seguían existiendo oportunidades de empleo de diversa índole y, tal vez lo más importante, el estado, en parte debido a su crecimiento y en parte por la necesidad de moderar

---

19 Pese a los cambios emprendidos en algunas universidades de los estados, las modalidades tradicionales de relación entre gobiernos provinciales y universidades públicas están lejos de haber desaparecido por completo en el conjunto de las universidades públicas. (Respecto a la relación entre reforma universitaria y política educativa en Ies de provincia, véase Acosta Silva 2000.)

20 Que con modificaciones periódicas, ha tenido prolongaciones hasta el presente.

tensiones sociales, se convirtió en el principal empleador de los egresados universitarios. Algunas profesiones como la ingeniería agronómica, prácticamente se estatizaron. Paralelamente, en las universidades públicas se generaba una relación circular entre aumento de la matrícula y aumento de la ocupación académica, de modo que crecía el número de académicos en la medida en que crecía el de estudiantes; a su vez, numerosos egresados encontraban trabajo como profesores, reforzando el círculo[21].

Así, el período de la universidad crítica del estado queda ligado al del estado empleador. En cambio, en la coyuntura de los años ochenta el mercado de trabajo privado se vuelve fundamental para los egresados, dada la reducción del tamaño del estado, provocada por la crisis económica y la restructuración subsiguiente[22]. Las perspectivas laborales de estudiantes y egresados se orientan más hacia el mercado, y también los contenidos de los planes de estudio. Se aminoran los conflictos de ciertas universidades públicas con el gobierno, quien por otra parte ve muy disminuidas sus capacidades de apoyo económico a la educación superior. En todo caso los subsidios oficiales comienzan a atarse en forma cada vez más decidida a condicionamientos precisos, consagrando una nueva tendencia de largo plazo. Mientras tanto en la vida interna de las universidades públicas, según el caso, se da una tendencia progresiva a la entropía o a la disolución de los conflictos.

Todo esto es fruto de cambios económicos profundos, en gran parte no planificados, pero también coincide con un nuevo tipo de política gubernamental que entre otros objetivos se propone

---

21 Aún en el período de crisis económica posterior a 1982 el conjunto del sistema educativo seguirá fungiendo como un mercado de trabajo alternativo para los académicos que buscan empleos complementarios de modo de compensar pérdidas del salario real (Varela Petito 1991b).

22 Característica que se repite en los años noventa (Valenti et al 1997); en lo que concierne al presente véase Muñoz Izquierdo (2006).

el de la calidad de la educación (Poder Ejecutivo Federal 1989[23]); y el concepto de calidad se enlaza muy directamente con el de evaluación.

Evaluar es en términos generales formular un juicio, pero en un marco organizacional supone observar resultados concretos y el marco de referencia es la calidad de los desempeños. Este tópico tiene orígenes diversos. Se afilia a una perspectiva gerencial que pone atención en los detalles y en los procesos que aseguran resultados, pero también a una evolución producida en las últimas décadas en las sociedades desarrolladas, donde la masificación del consumo dejó lugar a la evidencia de que no bastaba con satisfacer las necesidades básicas, sino que también había que preocuparse por los valores y la calidad de los servicios y suministros masivos (Landy y Levin 1995) dado que las diferencias de calidad pueden ser también generadoras de desequilibrios y desigualdades.

En México en el ámbito de las políticas públicas el tema se ha planteado también en la enseñanza, a partir de una observación fundamentalmente empírica de funcionarios gubernamentales, empleadores y padres de familia, que ponía en duda la marcha de la educación pública[24]. Con base en ello, las autoridades derivaron la idea de que había que mejorar, discutir y por último evaluar con cierto rigor a la educación superior, de donde surgió en 1990 el sistema institucional de evaluación, modelado una vez más por el mecanismo ANUIES-SEP. El mismo encierra una nueva paradoja: la evaluación institucional busca ser científica pero es también política, no sólo o no tanto por el hecho de contar con el visto bueno del gobierno sino por que se asocia a un foro SEP-IES de implementación de la política educativa y de asignación de recursos[25].

---

23 Este documento postulaba la necesidad de "buscar soluciones para la eficiencia interna de las instituciones de educación superior" (Poder Ejecutivo Federal 1989: X).

24 Respecto de la educación superior ver Todd y Gago Huguet (1990).

25 La primera universidad pública en adoptar –con base en un diseño propio– los nuevos mecanismos de evaluación, fue la Universidad Autónoma

Otro elemento a destacar es que el debate sobre la calidad y en consecuencia sobre la evaluación, se refuerza debido a las fallas del modelo de planeación convencional basado en la idea del ajuste de medios a fines, que se reveló en gran medida inoperante y burocrático. No es casualidad que en lo intelectual se haya expandido paralelamente en México el enfoque de políticas públicas (Méndez 2000) que pone énfasis en las variables sociológicas y en el estudio de la irracionalidad y la contingencia en el funcionamiento de la administración pública. En el plano ideológico el recurso a la evaluación coincide con la idea de equidad desplazando a la de igualdad, o sea un acento valorativo puesto en el acceso a oportunidades más que en la distribución de recursos, y por tanto en la justificación de un premio diferencial al mérito y a los rendimientos de productividad[26].

Del punto de vista organizativo el sistema de evaluación de la educación superior implantado en México se basó inicialmente en tres instancias (Secretaría de Educación Pública 1992): la autoevaluación por los propios centros de estudio, la evaluación de programas y proyectos por comités interinstitucionales de pares, y la evaluación del conjunto del sistema por la Subsecretaría de Educación Superior e Investigación Científica (SESIC) y el Consejo del Sistema Nacional de Educación Tecnológica (COSNET)[27].

La evaluación es formalmente parte del proceso de planeación, pero dada la relativa atrofia de éste a fines de los años ochenta, la primera ha cobrado vida independiente. Asociada a la asignación de fondos, pone en manos del gobierno un ágil instrumento

---

Metropolitana (Jacobo Molina 1993; Valenti y Varela 1998).

26 La obra clásica sobre la equidad es Rawls (1979) pero no siempre el término se entiende en el sentido en que lo usa este autor. Sobre la igualdad, con referencia a la legislación mexicana, véase Pérez Portilla (2005). En el capítulo siguiente se volverá sobre este tema.

27 Actualmente se trata de un sistema notoriamente más complejo y desarrollado, que abarca con distintas modalidades al conjunto del sistema educativo (Instituto Nacional para la Evaluación de la Educación 2006).

para recentralizar la educación superior sin violar la autonomía (en el caso de las universidades). Al mismo tiempo ha ido determinando, consciente o inconscientemente, una estrategia nueva: ya no se trata de cambiar frontalmente toda la educación superior (como se intentó a principio de los años setenta) sino de actuar sobre objetivos clave, puntualmente definidos y controlados en su realización, lo que no obstante por acumulación, va generando un efecto de reacción en cadena que busca producir transformaciones profundas. Mas aunque la intención sea la de lograr un avance conjunto de las IES, la diferencia de partida entre éstas[28] unida a la autonomía jurídica que pesa en la implementación de los respectivos sistemas de evaluación no puede evitar la continuidad de la heterogeneidad interinstitucional[29].

Por otra parte no puede dejar de vincularse esta nueva etapa de la política educativa al cambio en el contexto político general, donde se ve que los movimientos sociales tradicionales que incidían sobre todo en las universidades autónomas, sin desaparecer del todo tendieron a perder peso a partir de la década de los años ochenta, lo que es síntoma de una transformación social y cultural producida al amparo de la crisis y de la restructuración económica y política de fin de siglo. Lo que coincide históricamente con el vuelco filosófico y científico hacia perspectivas de corte individualista y empresarial que se reflejan en la administración pública[30]. El estado sufrió en esta época profundas reformas. Junto a las tenden-

---

28 Diferencia que se hace patente en tradición intelectual, recursos humanos y financieros, calidad de desempeño, infraestructura, contexto político, relación con la comunidad y capacidad de negociación con los gobiernos federal y local.

29 El autor es testigo de que una compulsa entre especialistas realizada por las nuevas autoridades de la Subsecretaría de Educación Superior de la SEP en 2006, recogió la opinión generalizada de que para esa fecha aún no existía un verdadero sistema de educación superior en el país.

30 Dos textos de autores mexicanos que abordan el tema son Guerrero (2004b) y Aguilar Villanueva (2006).

cias a la reducción de su tamaño y a la desregulación de algunas de las tareas que anteriormente cumplía, reorganizó funciones de control, lo que se proyectó también en la política de la educación superior. La implantación de procedimientos de evaluación en la investigación y la docencia, buscó una modernización del sector con referentes internacionales (Rivero Zambrano 2006).

A la luz de lo expuesto corresponde preguntarse si estos desarrollos aún imprecisos pero que marcan claras diferencias con el pasado pueden llevar en último término a un cambio radical del concepto tradicional de universidad y también, en consecuencia, del manejo de un sistema de educación superior que se modifica no sólo por el impacto de las nuevas tecnologías y formas de socialidad asociadas a las mismas, sino también por los procesos de gestión e innovación (bien o mal logrados) periódicamente implantados en las casas de estudio, sea por inducción gubernamental o por iniciativa propia. Es una pregunta que puede formularse no sólo en México sino también en otros países.

Resultados y perspectivas

La sección precedente se detiene en el momento de la implantación de la evaluación como instrumento privilegiado de la política de educación superior. Por la importancia de la misma y porque cataliza importantes cuestiones del sector en la actualidad, se le dedica un abordaje más extenso y con un enfoque distinto en el siguiente capítulo. Aquí se exponen, como cierre, dos visiones sobre el estado de la educación superior y su futuro, en el marco de la planeación, elaborados respectivamente por los dos actores que han sido principales en esta tarea: SEP y ANUIES. La visión de SEP (2003) sostiene en síntesis:

1. Con vistas al siglo XXI las políticas para la Educación Superior deben ser parte de un sistema educativo que cumpla con su papel estratégico para el desarrollo nacional, a fin de atenuar

las agudas disparidades sociales con base en el impulso al capital humano, la productividad y la competitividad.

2. Se avizora un nuevo escenario como resultado de la globalización en que el país está cada vez más inscrito (a partir sobre todo de la firma del ALCA en 1994) con sus riesgos de polarización entre países o al interior de los mismos, pero también con sus oportunidades.

3. Sin perjuicio de vaivenes, las políticas educativas de las últimas administraciones presidenciales han contribuido a mejorar rubros decisivos como el profesorado, donde es notoria la elevación de los titulados de posgrado, que anteriormente constituían una cifra irrisoria.

4. En cuestión de rendición de cuentas y control de calidad existen programas que ya arrojan resultados constantes, tales como la autoevaluación interna de las IES sumada a la evaluación externa, de las mismas y otros mecanismos[31].

5. Otras modificaciones importantes se han producido como resultado de las políticas puestas en marcha desde el siglo pasado: desconcentración de la matrícula, mecanismos de planeación conjunta del crecimiento de la oferta educativa en las entidades federales, aumento y diversificación de programas en diversas ramas del conocimiento, crecimiento de programas de posgrado, más participación de la mujer en distintos ámbitos de la educación superior, empezando por la matrícula misma. En el futuro se espera un impulso mayor a la educación permanente, la organización de la educación superior más como acceso a la sociedad del conocimiento que como régimen de emisión de títulos de una educación terminal, la formación de personas

---

31 Se refiere a instancias como los Comités Interinstitucionales para la Evaluación de la Educación Superior (CIEES) el Centro Nacional de Evaluación (CENEVAL) y el Consejo para la Acreditación de la Educación Superior (COPAES); véase Instituto Nacional para la Evaluación de la Educación (2006) y Consejo para la Acreditación de la Educación Superior (2003).

emprendedoras e innovadoras, y la inserción de las Ies en un nuevo escenario de competencia internacional.

6. Un resultado muy importante ya mencionado se seguirá previsiblemente reforzando. Consiste en la creciente relación de la participación de los actores de la educación superior con el sistema de rendición de cuentas por medio de la evaluación, la acreditación y otros mecanismos (a los que hay que añadir los de control financiero).

7. En términos generales, los cambios del sistema de educación superior acumulados han producido y continuarán produciendo innovaciones y restructuraciones en el correr del nuevo siglo, que se relacionen con la formación ciudadana más allá de la visión tradicional centrada en las profesiones.

Por otra parte la visión de futuro de la educación superior en México, basada en una propuesta de planeación estratégica, se encuentra en un documento de Anuies (2000) cuya importancia radica en que no es únicamente, como el anterior, un informe, sino más precisamente un documento de política pública, base de acciones concretas. Por tanto, más allá de su carácter prospectivo y por tanto hipotético, puede dar también base, en un futuro, a evaluación de logros y fallas. Se centra en ocho postulados orientadores de la educación superior: calidad e innovación; congruencia con su naturaleza académica; pertinencia con las necesidades del país; equidad; humanismo que inspire una educación no meramente especializada o utilitaria, guiada por valores nacionales y morales; compromiso con la construcción de una sociedad mejor; autonomía responsable; y estructura de gobierno y operación ejemplares.

A partir de ello se exponen puntos de desarrollo deseable a alcanzar en las primeras décadas del siglo XXI:

1. Insistiendo en un objetivo aún no bien logrado que la planeación de la educación superior en México ha perseguido en las décadas recientes, se propone que en el año 2020 las Ies debe-

rían formar ya un sistema en que cada una y el sistema como tal interactuarían entre sí y a la vez se mantendrían abiertas al entorno estatal, regional, nacional e internacional.

2. También en 2020 México contaría hipotéticamente con un sistema de educación superior de mayores dimensiones y cobertura, diversificado, integrado y de alta calidad, que abarcaría por lo menos a un 40% del grupo de edad de 20-24 años; involucraría a una gama variada de Ies, cubriría distintas necesidades sociales y regionales y aseguraría calidad en todas las instituciones del sistema, con nivel internacional en las más desarrolladas[32].

3. En 2020 cada Ies desarrollaría su docencia con perfiles diversos de acuerdo a sus necesidades y con modelos innovadores que permitirían realizar calidad y pertinencia social. En esto sería determinante, entre otros factores, el desarrollo de los cuerpos académicos, ya mencionados.

4. En 2020 las Ies centrarían su atención en la formación de los estudiantes contando con programas integrales que darían seguimiento al educando desde antes de su ingreso hasta después de su egreso ocupándose de todos los aspectos de su desarrollo académico. Ello supone un sistema adecuadamente diversificado como para atender distintos tipos de estudiante.

5. En 2020 las Ies cumplirían también con sus tareas de generación y aplicación de conocimiento con gran calidad y pertinencia para el país y el desarrollo de los campos científicos.

6. Asimismo en tal fecha las Ies mexicanas serían capaces de difundir adecuadamente la cultura universal, vinculándose adecuadamente a la sociedad.

7. En 2020 las Ies mexicanas contarían con los recursos humanos ncesesarios para realizar sus funciones con calidad, lo que no

---

32 Aunque esta propuesta por sí misma no puede salvar los efectos de la posible diferenciación de calidad y prestigio que podría surgir o consolidarse según los tipos de certificados que se obtuvieran y las instituciones en que se cursara estudios.

sólo supondría elevar el número de personal académico propiamente dicho, sino también resolver los problemas de provisión y funcionamiento de personal administrativo y directivo[33].

8. En 2020 las IES contarían con recursos materiales y económico en calidad, cantidad, seguridad y oportunidad suficientes, en instalaciones y equipamiento tanto como en flujos financieros[34].

9. En 2020 las IES dispondrían de estructuras organizacionales, normas y sistemas de gobierno que favorecerían un funcionamiento eficiente, y congruente con su naturaleza y misión.

10. En 2020 el sistema de educación superior sería regulado por un marco normativo acorde con su naturaleza que brindaría seguridad y estabilidad en la relación de los actores internos o externos al mismo, asegurándole provisión de fondos adecuados asignados por el estado a las IES públicas.

11. En 2020 se encontraría consolidado el sistema nacional de planeación, evaluación, acreditación y aseguramiento de la calidad de la educación superior. Se insiste en este punto en la importancia de los cuerpos académicos, que para cumplir su papel deberían dejar de ser, en las grandes universidades donde se plantea el desafío de la educación superior con calidad para un gran número, no tanto islas de elevado nivel sino incisivos dinamizadores del conjunto institucional.

---

33 Ello supondría, entre otros efectos, que los profesores de educación superior alcanzarían un número de 261.000; en el momento en que se realizó este ejercicio de planeación los mismos eran alrededor de 160.000. El número de crecimiento de la matrícula previsto es mayor que el de crecimiento de profesores, de donde se desprende la intención de maximizar el uso de recursos humanos académicos. Véase al respecto el capítulo I, supra.

34 Se postula un gasto de 2% del PIB en educación superior y de 1,5% en ciencia y tecnología. Actualmente estas cifras son aproximadadamente de 1% del PIB en educación superior (sumados gasto público y privado) y 0,4% en ciencia y tecnología. De todos modos, dada la tendencia a la reducción de la tasa de crecimiento de la población y a una mayor inversión en educación, es de suponer que vegetativamente aumentará la matrícula y por decisión política el gasto en educación superior.

La misión del sistema de educación superior así concebido por ANUIES es una combinación de acciones a nivel de cada institución y del sistema en conjunto, en que se concretan los objetivos señalados, cristalizados en rubros tales como estudiantes, innovación, vinculación y programación, entre otros. En coherencia con la política de educación de los últimos años, la clave del planteo son los cuerpos académicos[35]: grupos realmente existentes, con capacidad dinámica, que deben ser institucionalmente identificados, apoyados y multiplicados para convertirlos en motores del conjunto del sistema y garantes de su calidad. El énfasis es en la innovación, la incorporación de la tecnología y la integración a la sociedad del conocimiento.

En cuestión de financiamiento se da importancia al programa de becas que contribuiría a disminuir la fuerte deserción de estudiantes que padece la educación superior, no menos que otras ramas del sistema de enseñanza.

Tal propuesta afirma la necesidad de un sistema de educación superior abierto, que a diferencia de lo que era tradicional funcionaría con base en redes[36], integrando en su esquema de vinculación a actores de la sociedad civil, el sistema político y los empleadores. Un avance de estas características implicaría más comunicación entre IES y menos encierro de los actores en la dinámica interna de las mismas. El foco se desplazaría de los aparatos organizativos a las relaciones creativas, formales y también informales. El papel de los cuerpos académicos en dicho contexto se adaptaría a ese concepto de contactos abiertos y dinámicos, más allá de lo formal, legal o burocrático. La mecánica de relación se daría en tres niveles de acción inclusivos: IES propiamente dichas, sistema de educación superior y estado.

---

35 Ya mencionados en el capítulo I, supra.
36 La constitución de redes también es central en la planeación actual del sistema científico y tecnológico por parte del CONACyT.

Capítulo III

LA EVALUACIÓN EN CUESTIÓN

Contexto

La evaluación de la calidad de la educación superior, motor de innovaciones en la educación superior mexicana, ha quedado institucionalizada como mecanismo de relación entre IES y autoridades educativas y también como método –variable según la institución– para fijar remuneraciones académicas adicionales al salario básico. Asimismo se usa para acreditaciones como las que realizan COPAES y otras instituciones nacionales o extranjeras, y para avalar proyectos de desarrollo institucional en los marcos del PIFI. Pero existe no poca polémica en torno a la eficacia y validez de los sistemas de evaluación y acreditación existentes.

Ello se inscribe en un movimiento evaluatorio a nivel internacional, cuyo resorte ha sido la percepción del riesgo de deterioro de las actividades sociales organizadas y los consecuentes debates y propuestas acerca de como superarlo. Servicios de fuerte repercusión social como la educación, nunca funcionan en forma completa y por lo demás, aún en sus aspectos más consolidados, tarde o temprano surgen los inconvenientes. Para que el servicio se mantenga en forma se requiere conocimiento permanente sobre su estado real, definición de valores a partir de los cuales derivar nuevas metas institucionales, métodos de proceder, y eventualmente criterios para la asignación de recursos.

Para ubicar esto en contexto, es necesario recordar el cambio ya mencionado que se ha dado en la administración pública, relacionado con la crisis en ciertos manejos económicos y políticos del estado de bienestar. Una vez hecha conciencia de dicho estrangulamiento, se agregaron políticas y proyectos para mejorar la administración y ajustarla a los nuevos tiempos. En tal marco se fortaleció la tendencia a la evaluación. La misma tiene una historia consolidada en las empresas privadas. Sin embargo, a pesar de la influencia ideológica y práctica que la gestión privada tiene hoy día en el sector público (Osborne y Gaebler 1994) es claro que, al margen de algunas coincidencias de método hay diferencias sustantivas entre la evaluación aplicada al sector público y privado, debido a que el objeto y los objetivos de la evaluación son en ambos casos distintos. A lo que se agrega una especificidad que depende de la naturaleza del servicio: puede haber más similitud de procesos evaluatorios en empresas productivas (sean públicas o privadas) que entre una empresa productiva y una educativa, independientemente de que pertenezcan a uno u otro sector (Kogan 1989).

Hay distintas maneras de evaluar. La más socorrida es la del sentido común: simplemente se emite un juicio informal sobre algo, basándose en el conocimiento inmediato, en la mera intuición o incluso en el prejuicio. Pero lo pertinente para el tema de este libro es la de la evaluación sistemática o científica (Stufflebeam y Shinkfield 1987). El calificativo de científico no asegura una certeza absoluta del conocimiento logrado por medio de la evaluación, pero determina una pretensión de precisión, basada en expectativas razonables que dependen de informaciones que se obtienen con métodos y procedimientos probados. Junto con esto hay también diferencias en la evaluación según sea previa, posterior o simultánea a los procesos que se observan[1]. Es necesario

---

1 No se profundizará aquí en ésta y otras nociones de índole general bien conocidas, que pueden consultarse, entre diversos trabajos, en la citada obra de Stufflebeam y Shinkfield (1987).

asimismo precisar cuales son los valores que guían la evaluación de instituciones y servicios públicos, puesto que una evaluación se guía implícita o explícitamente por valores, al igual que otros aspectos de las políticas públicas (Aaron, Mann y Taylor 1994)[2].

El concepto que acompaña a evaluaciones como las que se llevan a cabo en la educación superior es el del logro de resultados[3]. Mas el logro no se desprende automáticamente de la evaluación sistemática, sino que depende de la forma en que ésta es guiada. El juicio sobre una institución se puede fundar en la simple estimación de los recursos humanos y materiales que están a disposición de la misma, bajo el supuesto de que si los recursos o insumos son buenos, probablemente lo será también la calidad de los procesos y resultados que con ellos se llevan a cabo. Sin embargo el razonamiento puede fallar, puesto que el examen de insumos responde a un tipo de análisis estático: no observa lo que se hace, sino con que se hace. Por eso el criterio más exigente es el de la estimación de resultados, que si bien no deja de presentar inconvenientes tiene la ventaja de no basarse en presuposiciones, porque atiende a la obtención efectiva de las metas previstas. Es más exigente porque aún con insumos de muy buen nivel puede haber fallas graves en la realización de metas. Al mismo tiempo es más delicado porque la apariencia de definitividad que puede basar los juicios sustentados en resultados despierta de antemano mayores suspicacias y resistencias, así como cuestionamientos ante métodos empleados e interpretación de informaciones.

---

2   De hecho una evaluación es un proceso de asignación de valores.

3   "La esencia de la evaluación es la valoración del resultado de un programa u otra actividad (que es lo que aconteció que no hubiera acontecido en su ausencia) y de la relativa eficacia en un conjunto de programas o de actividades (que proyectos individuales o que tipo de proyectos funcionan mejor)" (Quade 1989: 273). "El propósito de la evaluación de un producto es valorar, interpretar y juzgar los logros de un programa" (Stufflebeam y Shinkfield 1987: 201).

La meta central de la evaluación de actividades sociales es la calidad, aunque ésta no tiene un sentido unilateral y por tanto la definición que se haga es susceptible de ser puesta en tela de juicio[4]. Entra en juego un elemento de índole filosófica junto con un requerimiento técnico de precisión de parámetros e indicadores que es complejo, por cuanto puede ser objeto de negociación en un encuadre que (aunque sea discreto y limitado a grupos de evaluadores y evaluados) da lugar a un sistema de relaciones sociales peculiares con rasgos de tensión.

Otro valor trascendente en la evaluación como en cualquier procedimiento administrativo es el de justicia. La justicia –en su concepción moderna– puede ser concebida como igualdad o como equidad. La justicia como igualdad en el marco de la administración de necesidades por parte de un estado moderno se puede equiparar a la distribución o redistribución de bienes (materiales o simbólicos) y servicios. Pero esto tiene un límite en la capacidad estatal de producir, recaudar y gastar, y por otra parte no estimula los desempeños individuales. La idea de igualdad tiene un mayor componente utópico (aunque mucha fuerza social) y quizás por eso se ha derivado al concepto de equidad que apunta prioritariamente a la igualdad de oportunidades, pero partiendo de la base de que la desigualdad de desempeños y méritos individuales debe determinar una diferenciación en los premios o bienes que se asignan.

Desde un punto de vista práctico –como por ejemplo cuando se habla de funciones de impacto social como la educación pública– cada uno de ambos principios acarrea dificultades de realización. La justicia como igualdad no asegura "per se" un sistema operativo eficiente y otros mecanismos que son efectivamente eficientes

---

4 En un proceso de evaluación de instituciones o programas, la definición de calidad no depende de lo puramente conceptual, sino también de lo que se busque con la evaluación. Pero como punto de arranque es buena la definición que da el "Diccionario de la lengua española": "Propiedad o conjunto de propiedades inherentes a algo, que permiten juzgar su valor".

vulneran la perspectiva igualitaria. Lo que determina otro dilema, pues la atención a la justicia aparece permeada por una fijación creciente en cuestiones operativas, inevitables en la medida en que la gestión pública requiere no sólo de argumentos ideológicos sino también de instrumentos ejecutivos que funcionen realmente.

En la dimensión de la justicia distributiva o redistributiva, el problema operativo se centra en la cantidad de recursos, metas y clientes potenciales del sistema, así como en la saturación eventual de su capacidad de respuesta. En la dimensión de la justicia como equidad el problema es el de la desigualdad social sancionada y aceptada como producto del funcionamiento de los sistemas administrativos y de evaluación. (Sin contar con que tampoco es sencillo asegurar igualdad de oportunidades.)

En síntesis, la evaluación de resultados se orienta a la verificación de la disparidad de desempeños y cuando aparece junto a un sistema de premios y sanciones, recompensa en forma distinta a los distintos rendimientos, basándose en razones de mérito. Al igual que otros métodos que buscan asegurar eficiencia, en la gestión pública puede favorecer un mejor funcionamiento –y éste es su principal fundamento– pero también provoca tensiones en la relación entre los individuos que son parte de la organización evaluada y entre estos y la misma institución; y ello, unido a la probabilidad técnica de error en el procedimiento, puede gravar las relaciones humanas. Para obtener un análisis realista no se puede obviar tal contradicción entre eficiencia e igualdad en la distribución de premios, bienes y servicios.

Técnica y política

En un proceso de gestión, un análisis sistemático y continuado de una organización puede revertir sobre la misma produciendo un cuestionamiento acerca de los métodos y metas de la institución. Si las metas no se concretan o son alcanzadas en una forma y un grado diferentes a lo planeado, se desarrolla una reflexión que cuestiona los objetivos definidos y a veces la filosofía misma de la gestión. Esto es lo que ha llevado en el pasado a discutir la eficacia de la planeación normativa, al mostrar el distanciamiento exagerado que se suele dar en los hechos entre plan y proceso de ejecución. Por ello, en torno al juicio evaluatorio es necesario distinguir y relacionar dos elementos esenciales, uno técnico y otro político. Los dos son inevitables y para hacer una evaluación de la evaluación hay que tener ambos en cuenta. Esta diferenciación es trabajosa, dado que ambos elementos se entremezclan.

El juicio técnico, que es producto de la evaluación aplicada en forma metódica, es necesario cuando se trata de llegar a una conclusión que sea persuasiva ante el público y que además legitime una forma de asignar recursos, si éste es uno de los objetivos. Pero también es claro que, al aplicarse a actividades de trascendencia social la evaluación adquiere un componente político[5]. Hay en tal sentido varios niveles de participación: el de la autoridad[6] que decide (aunque no realice directamente) impulsar los procesos de evaluación; el del público externo concernido por el servicio (en el caso de la educación, son principalmente –aunque no únicamente– los educandos y sus padres) y el de la institución evaluada y sus integrantes.

---

5 A los efectos de este trabajo se considera "político" lo que tiene que ver con decisiones (internas o externas) que afectan a la institución evaluada, y "técnico" lo que se relaciona sólo con el proceso científico de conocimiento por medio de evaluaciones (véase Weiss 1990).

6 Cuando se habla de "autoridad" en este capítulo, dependiendo del sentido de la frase se está aludiendo sobre todo al gobierno nacional, que en México ha sido, por medio del organismo correspondiente (la Secretaría de Educación Pública) el impulsor de la evaluación –entre otros servicios, de la educación superior pública– aunque no obviamente el realizador de la misma, que queda en manos de comités especializados técnicamente independientes. En el interior de las universidades autónomas la autoridad impulsora es también (por acuerdo con la citada Secretaría) el gobierno interno de las mismas.

La evaluación así enmarcada tiene dos dimensiones. En primer lugar, aún realizada con parámetros de justicia –punto sobre el que no es fácil ponerse de acuerdo– puede ser de todos modos resistida. Por eso es más viable su implantación por parte de la autoridad, si coincide con una preocupación del público (y eventualmente de grupos internos de la institución a evaluar) en torno a la calidad de los servicios y a la mejor forma de sostenerla. Esto significa cierto grado de complejidad, puesto que para la autoridad gubernamental, que es la que a menudo impulsa la adopción de las prácticas evaluatorias –y que en la educación universitaria mexicana en virtud de la autonomía jurídica es una autoridad financiera más que un jerarca administrativo– se plantean varias alternativas. La primera es si adoptar la evaluación, como y cuando. La segunda, si centrar la estrategia de implantación en el seguimiento de resultados o, en una primera etapa, en lograr su aceptación y adopción sistemática por parte de las instituciones evaluadas; lo que da la pauta de que debe haber una estrategia evaluatoria, con sus fases: discusión, implantación, reiteración y finalmente consolidación de una cultura evaluatoria. La tercera, en que medida tomar en cuenta los resultados de la evaluación para adoptar subsiguientes decisiones.

Esto último puede parecer contradictorio, puesto que la lógica de la evaluación institucional es la de ayudar a tomar mejores decisiones. Sin embargo, tradicionalmente la influencia de las evaluaciones sobre ulteriores medidas de gobierno es limitada[7]. Ello no es tan ilógico si (aparte de las dudas de carácter propiamente técnico) se apela a una óptica sociológica o política. Porque si las autoridades se atuvieran estrictamente al juicio de los evaluadores –generalmente un equipo de expertos externo a los órganos de decisión– los verdaderos decisores pasarían a ser estos y no la autoridad política. La paradoja se explica por la independencia que los

---

7 Véase Quade (1989) acerca de las dificultades del uso de la evaluación para la asignación de recursos.

mandos quieren y deben tener frente a los equipos técnicos que contratan y de cara a la contingencia social.

Además los ejecutivos deben medir muy bien los efectos de sus decisiones y para ello no basta la conclusión que se desprende de un procedimiento puramente técnico. Éste es a lo sumo un elemento, no todos, de la decisión[8]. Y cuando la evaluación es un instrumento nuevo existe una complejidad adicional ya señalada: la autoridad debe convencer a las instituciones de dejarse evaluar y esto implica invertir tiempo, recursos y argumentos no tanto en sopesar resultados y tomar decisiones con base en ellos (e inducir a las instituciones observadas a que también los tomen) sino en hacer que las instituciones acepten ideológicamente e implanten prácticamente la instancia evaluatoria. Porque ésta es una práctica sofisticada, que para funcionar debe contar con cierto consenso de los afectados, así se trate de un procedimiento de autoevaluación (como el que se suele usar en las IES mexicanas) o de evaluación por un equipo externo, o de combinación de ambos métodos. Ante tal hipótesis la autoridad deberá premiar, al menos en un principio, no tanto las conclusiones positivas de la evaluación, como el hecho mismo de que ésta haya sido aceptada y (en el caso de la autoevaluación) eventualmente aplicada por la institución afectada.

El componente político es tan importante como el componente técnico y una evaluación continuada se hace con base en la interacción entre los dos, aunque no sea siempre expresamente admitido o concientizado. Porque la evaluación realizada con sistematicidad tiene que basarse en valores y los valores, como patrones siempre relativos y discutibles de comportamiento están muy vinculados a lo político y viceversa[9].

---

8 Sobre la decisión véase Aguilar Villanueva (1992).

9 Aparte se requiere un tercer elemento: que la evaluación se asocie a un modelo de gestión (Coen y Franco 2005). Pero ello rebasa el propósito de este libro.

La evaluación de la educación superior

La evaluación de la educación superior en México en las últimas décadas ha cobrado una diversificación y complejidad muy notables. En su inicio se definieron tres niveles (Secretaría de Educación Pública 1992): la autoevaluación por parte de las propias instituciones de educación superior; la evaluación interinstitucional, llevada a cabo por comités de especialistas pertenecientes a instituciones distintas a la evaluada, que examinan los contenidos curriculares y variables de funcionamiento de programas específicos (este mecanismo también se conoce como "evaluación por pares"); y la evaluación del conjunto del sistema de educación superior que es llevado a cabo directamente por organismos dependientes de las autoridades educativas nacionales[10]. Aparte funcionan otros organismos subsidiarios ya nombrados, que no hacen evaluación institucional sino de programas, proyectos o académicos individuales, como los CIEES[11], los comités académicos del CONACYT que juzgan proyectos de investigación a fin de seleccionar aquellos que a su juicio merezcan apoyo financiero y el Sistema Nacional de Investigadores que examina periódicamente currícula personales de investigadores que deseen recibir el reconocimiento de Investi-

---

10 Esta última instancia, inicialmente estaba en manos de la Comisión Nacional de Evaluación (CONAEVA) de composición interministerial y con participación de autoridades de las IES, que luego perdió peso, siendo la política de evaluación directamente conducida por la SEP; de lo que se habla más abajo.

11 Los Comités Interinstitucionales de Evaluación de la Educación Superior (CIEES) realizan una función de evaluación diagnóstica de programas académicos, con objetivo de retroalimentación de las IES. De acuerdo con la lógica de interpenetración de distintas instancias de evaluación, si bien en principio las recomendaciones de los CIESS no tenían caracter vinculante, posteriormente fueron retomadas por FOMES y PIFI a efectos de condicionar la entrega de fondos. Como se ve, cada esfera de evaluación debe considerarse contextualizada en una estrategia más amplia en que intervienen otros actores y en donde aparece el vínculo entre evaluación y financiamiento.

gadores Nacionales y una remuneración adicional que acompaña a este título, y que es erogada por el mismo SNI, que depende también del CONACYT[12].

Sin embargo, el destino de la CONAEVA parece dar pauta de la dificultad de funcionamiento de una instancia nacional especializada en evaluación de la educación, que por lógica parecería necesaria. En efecto, a partir de 1992 esta comisión y su Secretariado Técnico perdieron peso frente a la Subsecretaría de Educación Superior e Investigación Científica (SESIC)[13] "y las acciones que con posterioridad se realizaron en nombre de la CONAEVA tuvieron otro carácter: otorgar sustento a programas y decisiones de dicha Subsecretaría, particularmente en el marco del (...) FOMES"; asimismo "en los dos primeros años [1990-1992] se dio un seguimiento cercano por parte de la SESIC y de la ANUIES a los procesos de autoevaluación (...) Sin embargo, posteriormente no se continuó este seguimiento conjunto, al asociarse los procesos de autoevaluación al otorgamiento de recursos extraordinarios a las universidades, siendo sólo la SESIC la que conoció los reportes presentados" (Mendoza 1997: 322 y 323).

Pero la misma composición inicial de la CONAEVA, cuando se echó a andar la política de evaluación de la educación superior entre fines de los años de 1980 y comienzos de la década siguiente,

---

12 El CONACYT ha pasado por distintos tipos de inserción dentro del organigrama del estado. En la actualidad es una instancia directamente dependiente de la Presidencia de la República. La secuencia que llevó a la implantación de la evaluación de la educación superior es descrita en el anterior capítulo. Para una descripción más detallada de esta estructura institucional de evaluación, véase Consejo para la Acreditación de la Educación Superior (2003).

13 La SESIC era entonces la dependencia de la SEP encargada no sólo de la educación superior sino también, como el nombre lo dice, de la investigación científica, teniendo en su órbita de competencias al CONACYT y por consecuencia también al SNI. Una reorganización ministerial posterior le quitó estas últimas competencias y cambió en concordancia su denominación, que es actualmente la de Subsecretaría de Educación Superior (SES).

ilustraba un afán de centralismo gubernamental que no puede menos que vincularse con una desconfianza en las altas esferas respecto de la marcha de la educación superior pública; dado que la integraban el secretario de Sep -quien la presidía- cuatro subsecretarios de estado (de Sep y otra secretaría[14]) tres rectores de universidades públicas y el Secretario Ejecutivo de Anuies (Mercado del Collado 1998). Sobre nueve integrantes, cinco eran muy altos funcionarios del Poder Ejecutivo Federal, que concentraban la presidencia del organismo, la mayoría absoluta del cónclave y el control del presupuesto[15].

Independientemente de ello, entonces y ahora se plantean cuestionamientos, especialmente en el ámbito de la evaluación individual de académicos (Díaz Barriga 1996; Díaz Barriga et al 2008: cap. IV); a lo que corresponde dedicar atención. Se supone que la evaluación debe ser un sistema dirigido a mejorar y a agilizar el funcionamiento del sistema educativo superior, reduciendo o evadiendo instancias burocráticas. Pero su implantación y la parte de manejo administrativo requiere dos puntos de apoyo: la autoridad gubernamental y un conjunto (eventualmente diversificado en varios organismos) de comisiones de expertos. Para funcionar técnicamente y sobre todo para legitimarse, requiere que los juzgadores o emisores de dictámenes técnicos sean especialistas en la misma materia, o sea académicos, técnicos y científicos seleccionados por su alto nivel. Estos integran comités que funcionan sobre todo en la revisión de proyectos, de currícula de investigadores y en la instancia interinstitucional de evaluación y acreditación de programas. Tal principio de selección se orienta a evitar el control de la evaluación por burocracias jerárquicamente dependientes de

---

14 Se trataba de la Secretaría de Programación y Presupuesto (SPP) que posteriormente desapareció a resultas de una reorganización de las secretarías de estado.

15 En ese entonces en manos de la SPP, que manejaba los egresos gubernamentales.

autoridades gubernamentales o, a la inversa, que la elección de dictaminadores recaiga en personas no suficientemente capacitadas ni reconocidas por la comunidad científica.

Sin embargo, el sistema de pares también es puesto en tela de juicio (Sheridan 1997) tal vez por la percepción de que un par que puede juzgar a otro y determinar su acceso a complementos salariales y títulos de prestigio, ya no es tan par. Por muy legítima que sean sus credenciales no hay duda de que fundamentan una relación asimétrica, por más que transitoria. Por otra parte, en una comunidad científica relativamente reducida como es la mexicana (característica que se acentúa en otros países latinoamericanos) los académicos de alto nivel son proporcionalmente pocos y constituyen núcleos muy concentrados geográficamente, institucionalmente y aún en materia de relaciones humanas. Si a esto se suma el hecho de que el sistema político hasta el año 2000 también había estado fuertemente concentrado en una élite, y que ésta había ejercido a lo largo del siglo XX una suerte de mecenazgo sobre artes y ciencias, dentro de una lógica de relación de círculos de poder y de saber, se debe añadir la premisa de una estrecha relación entre élite gubernamental y científica, lo que despierta suspicacias[16]. Una evaluación, aún hecha con todas las garantías técnicas es una actividad potencialmente política o politizable y no es fácil asegurarle un consenso. Aún quienes acuerden sobre la necesidad genérica de evaluar, bien pueden discrepar con la forma concreta de implementarla o, más aún, con los resultados ya vertidos en dictámenes y decisiones que inciden en intereses personales. Por eso la organización[17] es importante como mecanismo de legitimación, y no sólo de funcionamiento. Otra manera de atenuar

---

16 Si bien en el curso del tiempo esta concentración tiende a ser menos densa al incrementarse el número y procedencia de académicos que pueden fungir en los comités de pares.

17 En el sentido de clarificación de metas, criterios, procedimientos, técnicas y uso de resultados.

estos efectos es mediante la transitoriedad de la permanencia de evaluadores en sus cargos, lo que naturalmente está contemplado en la organización mexicana[18], si bien el escaso número de investigadores del más alto nivel afectó la posibilidad de rotación real sobre todo en los primeros años.

En la evaluación de los académicos individualmente considerados se suele establecer, por una suerte de consenso lato en torno a valores entendidos en el seno de la comunidad científica, una serie de criterios por medio de los cuales el individuo, según su trayectoria, es juzgado por sus pares, incluso cuando no concurra a una instancia de evaluación formal. Las universidades públicas a su turno, contratan, evalúan y premian de acuerdo a criterios propios[19] lo que traslada el poder evaluador desde las élites académicas hacia las propias Ies. Ello significa en la práctica que, de acuerdo con parámetros definidos, un currículum puede ser contrastado con un sistema de asignación de puntos que permite determinar la clasificación y el apoyo económico que merece un académico, mediante un juicio emitido por equipos de pares[20].

El sistema de evaluación de la educación superior contemplado en su diversificación, da posibilidades flexibles de dictaminación y asignación de premios y recursos, no obstante que con cierta razón ha sido criticado por su complejidad (Didriksson 1997). Geométricamente se puede representar como una serie de sendas a veces intercontectadas, constituidas por escalones ascendentes o

---

18 Así como la combinación de formas alternativas o complementarias de evaluación.

19 El sistema concreto de evaluación varía en cada universidad autónoma, de acuerdo a la regla de la autonomía, sin dejar de tener algunos rasgos similares. En el caso del Sni, en cambio, aparte de lo indicado en su reglamento (Consejo Nacional de Ciencia y Tecnología 2008) las comisiones dictaminadoras fijan criterios de evaluación, que son accesibles al público (véanse en página electrónica: <http:/www.conacyt.mx/Sni>).

20 Respecto de los efectos de esto en la Uam –que fue la primer Ies en desarrollar tal procedimiento– véase Comas Rodríguez (2003).

descendentes de inclusión o exclusión de instituciones, programas y académicos en una línea de distribución de bienes simbólicos y materiales por medio de dictámenes expertos. Si se las ve como variables, estas sendas pueden ser independientes, dependientes o interdependientes[21].

Dado que hay inevitables situaciones de exclusión (es decir, instituciones, programas o académicos que no son reconocidos) para que el sistema sea tolerado debe estar apoyado en dos puntos: el de la calidad intelectual de quienes emiten los fallos y el de la formalidad con que proceden, de acuerdo con reglamentos, indicadores y parámetros prestablecidos. También por la circulación de información acerca del proceso, un aspecto siempre polémico. Pero de todos modos habrá descontentos. De suerte que el sistema –visto a escala nacional– para afirmarse puede adquirir informalmente un criterio complementario a los estatuidos, que es el de una redistribución de recursos relativamente amplia en ciertas actividades como la docencia[22], medida que también sirve para evitar el riesgo de un desmantelamiento académico debido a la deserción hacia otras fuentes laborales. Es pertinente recordar que durante

---

21 Un caso de independencia lo puede ejemplificar el que los reconocimientos o premios por evaluación que hace una universidad no estén determinados por el hecho de que el académico en cuestión pertenezca al Sni y viceversa; pero otras instituciones en cambio sí pueden poner como condición para aspirar a su propio sistema de estímulos que la persona al mismo tiempo sea distinguida en alguna categoría del Sni, lo que vuelve dependiente de éste al régimen de estímulos institucional. A nivel de posgrados, para que un programa sea aceptado en el Padrón Nacional de Posgrados (Pnp) y sus estudiantes puedan recibir becas Pronabes, el programa debe integrar un cierto número de académicos reconocidos por el Sni: se establece interdependencia entre Pnp, Pronabes y Sni. Y así sucesivamente.

22 Los premios por rendimiento en docencia son relativamente más accesibles que aquellos producto de investigación científica, pero dependiendo, como ya se ha señalado, del sistema concreto de evaluación de cada Ies, y de los recursos monetarios asignados a evaluación a que éstas accedan en acuerdo con la autoridad educativa, ya sea en forma directa, por medio del Pifi o por la gestión de Anuies (Mendoza Rojas 2007).

los años de 1980, la coincidencia del recorte del subsidio federal a las casas de estudio junto con una visión crítica, oficial u oficiosa, de la calidad de la enseñanza por éstas impartida, determinó una baja dramática de los salarios académicos que a su vez impulsó a muchos académicos a abandonar sus plazas o a sumar otros nexos laborales al empleo universitario[23]. La reasignación de recursos por medio de la evaluación buscó entre varios objetivos corregir esta situación, pero implica otras polémicas y descontentos –que sería reductivo suponer que no alcanzan también a los académicos de alto nivel, como se verá en el siguiente apartado. Una forma de atenuar esta eventualidad es por medio de mecanismos relativamente más blandos e inclusivos de evaluación, que permiten incrementar la tolerancia de los potencialmente afectados. Analizado sistémicamente ello constituye una distribución de recursos encaminada a la estabilización del sistema de evaluación, y no sólo a premiar desempeños en el sentido más estricto.

Debate sobre la evaluación

A título demostrativo se traerá a colación un debate realizado en la UNAM en 1997 –cuando el sistema de evaluación de la educación superior y de la investigación científica y tecnológica se hallaba ya en fase de maduración– bajo la convocatoria de "Evaluación de la evaluación"[24]. Los ponentes, en una apretada ronda de exposiciones, fueron en su mayoría destacados científicos e investigadores, varios integrantes del Nivel III del Sistema Nacional de Investigadores

---

23 Respecto a la UNAM ver Varela Petito (1991b).

24 Parte de las ponencias se publicaron en la prensa (Didriksson 1997; Flores 1997; José Yacamán 1997; Martuscelli 1997; Mora 1997; Sheridan 1997); pero la presentación del tema que aquí se hace se basa fundamentalmente en notas del autor, a quien corresponde la responsabilidad de la interpretación que se hace.

(Sni)[25] y participantes o exparticipantes en comisiones dictaminadoras del mismo Sni, del Conacyt y de diversas instituciones académicas. Algunos habían ocupado u ocupaban todavía, a la fecha de realización del coloquio, importantes cargos en la estructura gubernamental de regulación de la educación y la investigación científica o en instituciones públicas de educación superior o de investigación. El objetivo de la reunión fue discutir el funcionamiento de los sistemas de evaluación de la educación superior y de la actividad científica y tecnológica en México.

Lo revelador de un encuentro como éste es el hecho de plasmar opiniones y malestares de la comunidad intelectual y científica acerca de la evaluación. Además tiene valor reflexivo: da lugar a juicios (o sea, en cierto sentido, también evaluaciones) acerca de como funciona un sistema en que los hablantes han sido tanto juzgadores como juzgados y en algunos casos, inclusive, diseñadores de la estrategia en curso, cuando menos por haber participado en la definición de aspectos técnicos de la misma y también por otros medios, como la consulta periódica con organismos de gobierno encargados de fijar formas concretas de instrumentación de evaluaciones.

En reuniones como ésta el tono predominante es crítico, si bien cabe hacer al respecto algunas precisiones. En primer lugar, hay en la crítica por lo menos dos perspectivas: la de quienes son negadores radicales del sistema de evaluación (aunque no siempre recomienden directamente su supresión) y la de quienes hacen reconvenciones de índole parcial, suponiendo la necesidad de una mejora o de un cambio con orientación acumulativa, es decir de perfeccionamiento. En segundo lugar, entre los críticos que se podrían catalogar como perfeccionistas, es notorio que las

---

25 El Sni establece cinco tipos de reconocimiento, de menor a mayor: Candidato a Investigador Nacional; Investigador Nacional Nivel I; Investigador Nacional Nivel II; Investigador Nacional Nivel III; e Investigador Nacional Emérito. Siendo los eméritos muy escasos, el grueso de los investigadores de más elevado nivel se concentra en la categoría III.

comentarios negativos no se dirigen por lo general hacia la ética profesional de los integrantes de las distintas variantes de comisiones dictaminadoras (muchos de ellos son o han sido, como ya se ha dicho, miembros de las mismas) mientras que esto sí puede insinuarse en la exposición de los críticos inflexibles.

Es de hacer notar que la mayoría de las observaciones se centran en un sistema de evaluación individual en especial, el del Sni[26], y subsidiariamente en la evaluación de proyectos de investigación por parte del Conacyt, así como en los organismos evaluatorios internos de las instituciones de educación superior. También habrá de tenerse en cuenta que en esta clase de intercambio de ideas hay cierto grado de informalidad –lo que les da un valor peculiar– ilustrando tanto experiencias concretas como meros estados de ánimo y creencias.

Se pueden distinguir tres posturas que aquí se presentan en sendos apartados: una de crítica interna, por provenir de miembros de la élite científica que han tenido que ver con la operación de los mecanismos evaluatorios; otra de rechazo más o menos radical al sistema de evaluación, por considerarlo complicado y poco operativo; y finalmente otra que, si bien parcialmente se aproxima a la primera, es más simpatética con el sistema por trasmitir la opinión de quienes han participado o participan en puestos oficiales relacionados con el mismo[27]. El primer apartado es más extenso por abarcar una mayoría de opiniones. Se preserva el tono de época en la exposición de las opiniones, marcado por el uso del tiempo presente, introduciéndose eventualmente notas aclaratorias[28].

---

26 Ello es comprensible porque el Sni (que forma parte del Conacyt pero tiene una proyección propia) es quizás la instancia evaluatoria de más exposición al público académico.

27 En particular del Conacyt; pero ello no quiere decir que acudieran a la reunión como representantes oficiales.

28 Para una perspectiva actual (pero también menos espontánea y por tanto menos rica en opiniones) debe consultarse el documento de Foro Consultivo Científico y Tecnológico y Academia Mexicana de Ciencias (2005).

1. *La crítica interna*

El sistema de evaluación académica externa a las instituciones de educación superior comenzó en los años setenta cuando el Consejo Nacional de Ciencia y Tecnología (CONACYT) inició la revisión de proyectos de investigación a fin de priorizar finaciamientos. Pero el segundo impulso, que causó más expectativa y contribuyó decisivamente a plantear la idea de una institucionalización de la evaluación, fue el Sistema Nacional de Investigadores (SNI) nacido en 1984. El motivo inmediato de su creación fue la necesidad de dar respuesta a los efectos negativos que la crisis económica estaba teniendo sobre la planta científica[29]. Los salarios reales caían y muchos académicos e investigadores abandonaban sus puestos para desplazarse a otras actividades en el sector público y privado o inclusive fuera del país. El empuje fundamental a la evaluación que se dio con la creación del SNI tuvo que ver con los efectos de la crisis económica y la política de contención salarial, así como con la necesidad de evitar una descomposición total del capital científico nacional.

Pero como solía decirse en esos años al hablar de la intencionalidad de las políticas gubernamentales, toda crisis es también una oportunidad de cambios. La introducción del SNI daba la posibilidad de comenzar a instrumentar nuevos mecanismos de financiamiento selectivo de la educación superior, relativizando criterios que hasta entonces habían imperado en la relación entre gobierno e instituciones, según los cuales el financiamiento tenía características de poca selectividad, se guiaba por manejos sobre todo numéricos (las instituciones públicas de educación superior declaraban cuantos estudiantes o profesores tenían y sobre esto se calculaba la cuota de fondos públicos que les tocaba) y no se vinculaba con patrones claros de cumplimiento de metas. Al apoyar

---

29 Véase respecto a los orígenes del SNI, Foro Consultivo Científico y Tecnológico y Academia Mexicana de Ciencias (2005).

la creación del Sni el gobierno federal, en comunicación con la élite científica y académica del país, tomó la ocasión para dejar en claro el principio del financiamiento restrictivo y en número limitado de investigadores, según el cumplimiento de objetivos de calidad y en forma ascendente y reversible (teóricamente se puede ascender desde Candidato hasta Investigador Nacional de Nivel III del Sni, pero también se puede descender o ser excluido, en caso de no sostenerse un rendimiento adecuado a juicio de las comisiones dictaminadoras).

Dos problemas se pusieron especialmente en evidencia en relación con el número de investigadores admitidos al Sistema Nacional de Investigadores. Por una parte hubo diversas discusiones más o menos públicas o privadas, sobre las cuestiones de inclusión o exclusión en el Sni. (Parte del debate, como era previsible, versó sobre si en el número de incluidos estaban "todos los que son" o eran "todos los que están"). Por otra parte, si el Sni contenía (como afirmaron las autoridades educativas en cierta época) a practicamente toda la planta de investigadores de México en distintas disciplinas, el relativamente reducido número de sus integrantes (aproximadamente unos 6.000 en ese entonces) ponía de manifiesto el lento progreso del país en materia científica y tecnológica.

La polémica también tocaba cuestiones monetarias, puesto que el acceso al Sni asegura al investigador una remuneración adicional, tanto más apreciada en un período de caída del salario real. Sin embargo, el objetivo inicial del Sni no era sólo económico y financiero. No buscaba únicamente asegurar un complemento de sueldos a los investigadores, premiando al trabajo académico creativo y de calidad, sino también ser un instrumento para fomentar y ayudar a la institucionalización de una investigación más sistemática y de alto nivel, que pudiera ser conocida y apreciada en el ámbito internacional. Es discutible hasta que punto uno y otro objetivos eran separables, tal como se dio el diseño del sistema, pero el hecho es que el Sni (en forma parecida a los mecanismos de estímulos y becas a la productividad académica que se implementaron en los años noventa en las universidades públicas) quedó muy marcado por el aspecto remunerativo, ya fuera directo (el pago de una suma mensual de dinero) o indirecto, por las posibilidades que da el nombramiento de investigador nacional de acceder a financiamientos para la investigación y otras facilidades.

El sistema de evaluación forma parte de lo que a nivel gubernamental se llaman políticas de inducción para las instituciones autónomas de la educación superior. Dado que el gobierno no tiene la potestad jurídica de ordenar el cumplimiento de metas a estas IES, induce conductas a las mismas por medio de instrumentos políticos y financieros. En el caso del SNI y otros sistemas de estímulos, la inducción se orienta directamente a los individuos, investigadores o docentes, buscando eliminar la indolencia en el trabajo científico. Además de asignarse un estímulo económico se titula el mérito académico, lo que acarrea complejidades psicológicas, pues como apuntó uno de los ponentes no ser incluido o ser excluido luego de un período de aceptación se vuelve un problema de identidad. El SNI tiene base meritocrática, pero también algunos ribetes de sistema nobiliario o de alta sociedad.

Al implementarse la operatividad del sistema se puso en manos de los investigadores de elevado nivel la fijación de los parámetros de funcionamiento. Lo que implicaba que los mismos académicos dictaban la política y en consecuencia serían también parcialmente responsables de los problemas de su ejecución. Al gobierno sólo le concernía vigilar que las líneas generales de la estrategia evaluatoria se mantuvieran. Ello no ha impedido el debate sobre los criterios de la evaluación y determina cierta ambigüedad del SNI, que es una pieza dentro de la política gubernamental para la educación superior (entonces integrado al organigrama de la Secretaría de Educación Pública[30]). Dada esta participación del gobierno y dada

---

30 Actualmente, como ya se ha explicado, el SNI está inserto en el CONACyT, que depende directamente de la Presidencia de la República.

sobre todo la función asignadora de recursos del SNI, muchos lo perciben como una instancia jerárquica y no como un organismo para la realización de ejercicios de evaluación entre pares.

Pero lo más relevante para una evaluación de la evaluación es el juicio acerca de como sirven al país el SNI y otros organismos de evaluación de la educación superior y la actividad científica. Algunos científicos piensan que no han servido para la formación de recursos humanos de alto nivel (doctorados, investigadores en activo, miembros del mismo SNI, etcétera) porque estos no han aumentado demasiado[31]. Tampoco se ha avanzado mucho en la meta de vinculación de la actividad científica con la innovación tecnológica para la producción[32]. En consecuencia, la justificación de la actividad científica sigue siendo la tradicional: que contribuye a reforzar la cultura del país en general y que representa para México una ventana abierta a un aspecto importante del conocimiento de alto nivel internacional.

Un punto muy transitado es el de los criterios con que se realizan las evaluaciones (sobre todo de rendimientos individuales) polémica que también recae sobre el SNI. En su seno una serie de comisiones dictaminadoras correspondientes a distintas áreas de conocimiento examinan anualmente expedientes personales a efectos de conceder o renovar acreditaciones de miembros del sistema. El procedimiento, aunque toma meses, es presionado por razones de calendario. Inevitablemente lo académico se mezcla con lo administrativo y financiero, por lo que se pierde, según algunos investigadores, un aspecto importante de la evaluación que sería

---

31 El comentario sigue siendo parcialmente válido respecto al número de doctorados, si bien programas oficiales como el PROMEP, junto con iniciativas propias de las universidades públicas y otras IES, han permitido un aumento sustantivo de posgraduados en general, lo que ha repercutido también en el incremento del número de investigadores del SNI.

32 Ésta sigue siendo una triste realidad hasta el presente, a pesar de los paliativos propuestos, entre otros por el cambio de normatividad en materia de ciencia y tecnología (Puchet Anyul y Ruiz Nápoles 2003).

no sólo el de examinar expedientes sino también el de generar una retroalimentación constante con el examinado. Ello exigiría además conocer la evolución de las ciencias en cada campo y por lo tanto una actualización periódica de los evaluadores. Adicionalmente, tener verdaderas evaluaciones cualitativas significaría sopesar no sólo los productos terminados sino también el potencial a futuro del investigador o del equipo de investigadores.

Otros cuestionamientos de tipo práctico se dirigen a la viabilidad de que los comités evaluadores puedan revisar seriamente tantos expedientes en un período de meses. Esto lleva a veces a procedimientos de descentralización, apelándose al auxilio de asesores externos. Por más que estos tengan la solvencia intelectual requerida, es éste un recurso discutible, que entre otras cosas determina que el evaluado no sepa si la revisión de su solicitud recae estrictamente sobre la comisión dictaminadora (por más que ésta, oficialmente, haga suyo el dictamen). Lo que deriva en el argumento muchas veces debatido por los descontentos (y aún por quienes no están tan descontentos) de que no hay reglas completamente claras en el funcionamiento del Sni[33].

La crítica al criterio cuantitativo es reiterada, y se encamina a la exigencia de medir resultados objetivos cristalizados en productos estandarizados (artículos, libros, cursos, conferencias magistrales) o en determinados símbolos de reconocimiento intelectual (invitaciones a congresos, publicaciones en una lista amplia pero cerrada de revistas de circulación internacional, etc.). Estos medios de inducción tendrían efectos negativos, que uno de los ponentes calificó como "una miscelánea de micropatologías académicas: refritos disfrazados, células de autores en condominio, comercio

---

33 Como se verá más adelante, hay opiniones discordantes de quienes oponaron que sí existen reglas claras en la operación del Sni. Quizás debido a estas críticas, ha habido una evolución en la definición de los criterios de evaluación por parte de las comisiones dictaminadoras, que como se ha dicho se pueden consultar en línea.

de coautorías, resentimientos, deterioro del ambiente social de la ciencia mexicana y, lo peor, conformismo"[34]. Lo que se discute es la incidencia de la evaluación en la orientación del trabajo científico. En este sentido, una evaluación cuantitativa favorecería siempre la cantidad sobre la calidad[35].

La crítica se extiende no sólo a los parámetros y referentes de la evaluación, sino también a sus soportes técnicos, puesto que con la difusión de las Tic, la información reposa en bases electrónicas, pero no siempre éstas responden como se espera en todas sus funciones[36]. La demanda es que se garanticen al académico mecanismos e instructivos sencillos y funcionantes, a efectos de que deba interrumpir lo mínimo posible su trabajo habitual.

Otro punto de discusión versa sobre presuntos desacuerdos entre los integrantes de diversos comités evaluadores, acerca de la forma de dictaminar un proyecto. Los comités suelen ser integrados por pares académicos de reconocida trayectoria, pero los críticos apuntan que no basta ser un buen investigador para ser un buen evaluador. En el límite se puede ser incluso un buen investigador y un mal evaluador.

---

34 Según la crónica del debate publicada por el periódico "Reforma", México, D.F., 14/V/1997.

35 Cabe anotar que algunas razones prácticas parecen no ser bien visualizadas en esta crítica. Una evaluación pura o eminentemente cualitativa podría acarrear serios problemas de prueba, por ejemplo si se apela a mecanismos rígidos como que se aceptaran como publicaciones válidas sólo las que se dan en contadas revistas o editoriales. Ello podría producir la paradoja de que un criterio muy riguroso llevara a la virtual parálisis del desarrollo del sistema de investigadores. Cada tipo de evaluación tiene sus ventajas: la cuantitativa permite medición formalmente objetiva de la productividad, la cualitativa, la consideración de lo bueno por encima de lo mucho. El evaluador no puede prescindir de ninguna de las dos.

36 En el pasado ha sido proverbial la dificultad de manejo de ciertos programas o bases de datos del Sni o del Conacyt, entre otras razones por saturación de los sistemas en los períodos de presentación de los expedientes.

Se requiere también tener un conocimiento amplio de la disciplina respectiva (cosa que no siempre tiene un investigador, incluso de alto nivel, que puede estar focalizado en lo suficiente para el ejercicio de sus intereses de trabajo inmediatos) y buen juicio; pero lo más difícil es saber identificar la creatividad potencial y esencial del trabajo sin recurrir a indicadores convencionales como publicaciones en determinadas revistas, citas en determinadas publicaciones, etcétera. Si para algunos la evaluación de la investigación no ha servido es porque de acuerdo al modelo ideal en vigor habría que ser "todólogo": formar recursos humanos, difundir cultura, ser "vendedor" de proyectos o de resultados de investigación, ser un eficiente administrador y demás. No se distinguen áreas de especialización que pudieran dar como resultado la buena o muy elevada evaluación de una persona en un rasgo, aunque sufriera de carencias en otras actividades del perfil ideal de investigador o científico. Esto lleva a la fragmentación de trabajos y aún a la inflación de actividades para tener más producto evaluable. En consecuencia se teme a los proyectos de riesgo donde los resultados no son seguros y pueden ser mal evaluados, o donde un exceso de insumo de tiempo pudiera producir una "deflación" de resultados que perjudicara la productividad del investigador.

El "cuantitativismo" también hace optar por trabajos poco ambiciosos pero admisibles en revistas de circulación internacional, por lo general receptoras de lo que Thomas Kuhn llama "ciencia normal" y no por impulsar trabajos creativos que desafíen los paradigmas establecidos.

En lugar de lo existente los críticos proponen remedios. Por ejemplo, en la consideración de los pedidos de finaciamiento de investigaciones por parte del Conacyt, no se debería tomar tanto en cuenta el trabajo anterior (y en consecuencia la fama) del postulante sino la calidad del proyecto presentado, independientemente del nombre del o de los investigadores responsables. Esto se hace actualmente con los jóvenes, que carecen de trayectoria o tienen una muy breve, pero el sistema ganaría si la misma regla se aplicara a los intelectuales consagrados. No se juzgaría su status académico sino estrictamente lo que presentaran en cada ocasión. Apoyar investigaciones originales en vez de guiarse por criterios convencionales sería la mejor apuesta por el futuro de la investigación en México. El Sni debería trabajar en este sentido no sólo para conceder apoyos, sino también para detectar nuevos investigadores con proyectos originales, poniendo especial atención en los talentos jóvenes.

Además, apurados por las constricciones administrativas y la necesidad de asegurar a los aceptados el flujo de fondos que requieren en un lapso no demasiado largo, pocas veces los proyectos a evaluar se discuten a fondo, ni se hacen llegar a los postulantes comentarios u ofrecimientos de asesoría. Pero, fuera del calendario administrativo de la evaluación y dado el pequeño tamaño de la comunidad científica en México, ello se podría hacer.

Al revisar las solicitudes de apoyo los evaluadores se suelen concentrar en el examen del problema o la pregunta a resolver, pero lo más difícil es ubicar el proyecto en un contexto intelectual e institucional más amplio que permitiera prever sus posibilidades de éxito y los beneficios sociales que acarrearía. Un mecanismo original (y participativo) de evaluación sería recurrir a los mismos interesados. Usualmente no se le pregunta al investigador porqué cree que su proyecto merece ser evaluado, pero ésta podría ser una buena y original orientación para el juzgador. No se debe evaluar si no se tienen en cuenta los objetivos del trabajo en una perspectiva de planeación estratégica y para ello es clave la comunicación y la retroalimentación. En vez de comités cambiantes y de dictámenes confidenciales sería mejor promover una comunicación constante y abierta entre evaluador y evaluado.

Otra propuesta versó sobre la posibilidad de dar al investigador la libertad de desviarse a otro rumbo de indagación si lo juzgara conveniente, alternativa que suele plantearse en el curso de las investigaciones experimentales

En relación con el punto de la apelación a evaluadores externos a efectos de descargar el trabajo de los comités, sería mejor que cada evaluador formalmente designado trabajara de manera no menos formalmente establecida con un equipo particular de asesores[37]. Y en cuanto al papeleo y la excesiva acumulación de solicitudes, la solución sería contar con un control previo de requisitos para evitar engrosar la fila con solicitudes poco o mal sustentadas. De este modo, procesos más afinados de evaluación, que de ser preciso insumirían más tiempo, se combinarían con procedimientos de clasificación y filtro que previnieran una inútil saturación del sistema[38].

En otro orden de cosas, según algunos investigadores, más que un medio de difusión del conocimiento, las revistas internacionales son un instrumento de poder. Hace algunas décadas era difícil lanzar una revista mexicana de nivel internacional; actualmente las hay reconocidas en los Index de Revistas, pero son poco citadas. Esto plantea a los investigadores mexicanos la necesidad de tener sus propios medios de expresión intelectual y a la vez dar la suficiente altura a sus revistas y otros medios de forma de contar con ámbitos donde la publicación y la exposición de resultados sean atractivas y estimulantes para el investigador, aunque no estuvieran estrictamente a la altura de los estándares internacionales. Importa particularmente a las ciencias sociales que en buena proporción son, por su temática, ciencias "locales", no tanto así para las ciencias naturales, aunque no se descarta que éstas también enfrenten,

---

37 Tal vez en respuesta a estos argumentos durante un tiempo a principios de la década se permitía formalmente que algunos Investigadores de Nivel II participaran en coadyuvancia en las comisiones dictaminadoras del SNI (cuyos integrantes de pleno derecho son del Nivel III) lo que quitaba la informalidad de la llamada "descentralización" de facto de las asesorías de dictaminación.

38 Pero esto no dejaría seguramente de levantar también reclamos.

en alguna medida, problemas similares. Habría que aclarar qué se entiende por avance de la ciencia en un país de desarrollo intermedio como México, donde artículos publicados en revistas sin circulación internacional pueden tener no obstante un impacto nacional significativo.

Por otra parte, la evaluación de la tarea de enseñanza es frecuentemente descuidada. Ello determina que a menudo haya gente de menor calidad académica en la labor de coordinación docente, pues es una clase de trabajo poco apreciado. Sería conveniente evaluar estas coordinaciones y las actividades que regulan (especialmente de licenciatura) en aspectos tales como conducción, control y calificaciones, manejo de profesores, horarios, manuales, material didáctico y otros.

Para contribuir a cambiar el estatus del conocimiento por medio de las evaluaciones sería necesario, en fin, definir prioridades para el desarrollo de la investigación en México, pagar salarios más altos a los investigadores, establecer un formato único para distintas evaluaciones, a efectos de simplificar los trámites y compatibilizar bases de datos, y fijar parámetros de relevancia e interdisciplinariedad.

Dentro del punto de alternativas hay un ítem que merece tratamiento aparte. Los académicos jóvenes que trabajan en los estados, tienen poca probabilidad de ingresar a sistemas como el SNI, y por lo demás los sueldos en estas universidades suelen ser bajos. La excelencia catalogada según estándares internacionales no es en sí misma contestable, pero no debería ser la única manera de evaluar este tipo de actividad científica.

La misma reflexión es válida ante CONACYT o en las propias universidades: los jóvenes tienen que competir con académicos ya consagrados. Por eso instituciones como la UNAM diseñan y ponen en práctica convocatorias de apoyos y concursos dirigidos a la gente de menor edad. Pero ello no basta para asegurar la renovación de una planta científica que ha sufrido un importante envejecimiento debido a una situación económica que durante años atrajo pocas vocaciones a la investigación[39].

Una idea en contradicción con las prácticas convencionales pero en todo caso practicable, sería la de que a los jóvenes creativos se los evaluara no sólo como a pares, sino también como a "impares", que se juzgaran sus propuestas y en caso de dictamen positivo se les dieran un plazo largo con apoyo de recursos para realizar investigaciones sustantivas. Tendrían la oportunidad de demostrar sus capacidades y se fomentarían investigaciones de largo aliento en edades en que las personas suelen ser más productivas y creativas. El plazo largo (incluso en un término de diez años) serviría además para medir el impacto y el grado de innovación

---

39 El problema del envejecimiento de la planta académica se relaciona también con la cuestión jubilatoria. Al no haber un sistema de retiro económicamente satisfactorio, la tendencia del trabajador de la educación superior (así sea académico o administrativo) que goza de estabilidad laboral, es permanecer en su puesto más allá del límite de edad recomendable, lo que obstaculiza que se liberen plazas para candidatos jóvenes. En el extremo opuesto existen –en particular en algunas universidades públicas de los estados– sistemas jubilatorios generosos que estimulan el retiro pero que son difíciles de costear, provocando un problema financiero que a veces bordea la bancarrota y cuya solución ha de pasar por un cambio de normatividad y recontratación de condiciones laborales, que reclama cierto involucramiento de los gobiernos federal y locales. Pero hay otros obstáculos que contribuyen a la no renovación de la planta académica con candidatos jóvenes, como el relativamente escaso número de doctorados en el país o la preferencia de los postulantes por determinadas urbes y zonas geográficas del país, que entre otros atractivos cuentan con las IES más renombradas. (Un conocedor observa: "pregúntenle a un investigador joven a donde quiere ir a trabajar, y seguramente indicará que su intención es ingresar en los mejores centros de enseñanza e investigación"; Foro Consultivo Científico y Tecnológico y Academia Mexicana de Ciencias 2005: 28-29). Ello es humanamente lógico, pero los mejores centros se encuentran en zonas donde la escasez de científicos competentes es relativamente menor. En contraparte, convocatorias a concurso en universidades de los estados pueden quedar vacantes.

de los productos de investigación en relación con la producción estándar en la disciplina respectiva.

Otro paso a dar sería el de identificar tempranamente a los talentos jóvenes aún no orientados al estudio de la ciencia e inducirlos a esta vocación. Y los investigadores jóvenes que ya tuvieran alguna publicación sólida deberían ser rescatados por el Sni, que además de integrarlos debería brindarles un servicio de apoyo especial, antes de permitir que otras ofertas laborales desviaran su interés.

2. *Rechazo a la evaluación*

Lo que hasta aquí se llama crítica interna, como se ve, puede ser dura, pero existe otra aún más fuerte principalmente (aunque no exclusivamente) hecha desde una óptica política de izquierda. No debe creerse que sea necesariamente una queja de los excluidos, puesto que también proviene de académicos ubicados en posiciones elevadas, y expresa un malestar con la existencia misma de la evaluación (la crítica interna, pese a todo, se hace con miras a una mejora o a un cambio del sistema de evaluación antes que a su negación). Representa un espectro relativamente amplio de descontentos, que comprende desde los propiamente marginados, en razón de su situación académica, de la posibilidad de ingresar al sistema de premios respaldado en la evaluación, hasta quienes sí acceden pero de todos modos se sienten afectados, ya sea por el trabajo administrativo ad-hoc que el sistema acarrea, ya sea por la presión de productividad incrementada que exige, ya sea por la amenaza siempre latente de no admisión o de degradación en la escala de reconocimientos o, aún cuando todos estos riesgos estén lejanos, por una resistencia a la estructura de obligaciones que la evaluación involucra. Es de destacar que en esta franja de opinión se presenta a veces la ambigüedad, por el sentimiento de que la evaluación es perjudicial pero a la vez inevitable; y también hay matices, como cuando no se rechaza por completo la evaluación sino que se propone que debería haber otra[40].

Desde este punto de vista, el modelo de evaluación de la alta cultura científica y tecnológica vigente en México respondería a un patrón internacional que tendría como componente un conjunto de relaciones que comprenden a la actividad científica básica, al estado y a las instituciones, y que para funcionar requeriría de una estructura de participación, recursos e instituciones que en México no existe. Complicidad con la globalización y desnacionalización, tensiones y desigualdades sociales entre académicos, autoritarismo y en el límite despotismo, serían de acuerdo a esta corriente los resultados de la evaluación de la educación superior tal como actualmente se practica.

Las funciones negativas de la evaluación serían diversas. Entre muchos señalamientos podría indicarse en primer lugar la sobreevaluación del trabajo académico por muy distintas instancias: CONAEVA[41], CIEES, CONACYT, FOMES, instancias internas de las instituciones de educación superior, SNI, asociaciones profesionales, FIMPES[42], CENEVAL, organismos extranjeros como SACS[43], ICED[44] o Banco Mundial. En segundo lugar, el sistema generaría desconfianza e inseguridad: se es académicamente reprobable mientras no

---

40 Lo que puede ser una forma sutil de negación.

41 Respecto de las características y funcionamiento de los organismos evaluadores nacionales mencionados en este párrafo, véase Consejo para la Acreditación de la Educación Superior 2003.

42 Federación de Instituciones Mexicanas Particulares de Educación Superior. Para pertenecer a la misma las IES privadas deben pasar por un proceso de evaluación.

43 *Southern Association of Colleges and Schools*: organismo regional estadounidense que realiza evaluaciones de instituciones educativas. En México el Instituto Tecnológico y de Estudios Superiores de Monterrey (ITESM) realizó un convenio con SACS a fin de que evaluara los servicios de dicha IES mexicana privada (Secretaría de Educación Pública 1992).

44 *International Consortium of Educational Development*: red internacional dedicada a la promoción de la educación superior en todo el mundo.

se demuestre lo contrario. En tercer lugar, se evalúa a los académicos, pero no a los funcionarios[45] (que son un objetivo de crítica mayor en este enfoque). En cuarto lugar, la evaluación se centraría en aspectos más formales que sustantivos (como estándares de desempeño académico, lineamientos de política educativa nacional, valoración de avances tecnológicos). En quinto lugar, no habría paridad en los juicios de pares, porque el modelo sería impuesto internacionalmente teniendo en cuenta un tipo de desarrollo distinto del mexicano, y porque funcionaría con reglas secretas fijadas a puertas cerradas por los comités[46]. En sexto lugar la evaluación traería polarización social entre los académicos, en detrimento de la solidaridad y la cooperación[47].

El cuestionamiento del presunto autoritarismo del sistema de evaluación se asimila a una crítica del estado mexicano (al que se le endosa, la responsabilidad de la política de evaluación). Se afirma que el modelo evaluativo es fruto de tecnócratas que formaron una

---

45 Sin embargo, hay un comité especial de los Ciees que se dedica a la evaluación de la administración y gestión de las instituciones de educación superior. Sobre la evaluación de la función pública en general, véase Oropeza López (2005).

46 Ya se ha indicado que con posterioridad, los criterios de dictaminación de las comisiones del Sni se han hecho públicos, probablemente en respuesta a opiniones como las expresadas (entre otros ámbitos) en este debate.

47 Es probable que este argumento sea cierto; no obstante es de señalar que la competencia individual existe aún cuando no esté incentivada o formalizada por sistemas de evaluación y premios como los del Sni, Conacyt, Academia Mexicana de Ciencias, o los estímulos *merit pay* de las Ies. En que medida ello estimula la calidad y la productividad o, por el contrario, afecta la solidaridad y la cooperación, es tema de discusión. La cooperación en tareas de investigación no depende sólo de impulsos personales espontáneos sino también de la cultura y la organización académicas. No tiene, por ejemplo, las mismas características en el ámbito de las ciencias sociales que en el de las ciencias básicas y naturales. En estas últimas, siguiendo un patrón internacional, el trabajo en grupo se ha establecido de larga data como algo similar a un sistema gremial de aprendizaje y ascenso paulatino.

nueva burocracia educativa que no puede entender la complejidad del conocimiento. Fascinados por el mercado y la competitividad, la calidad y la excelencia, subordinarían la ciencia a las demandas cambiantes e imprevisibles del mismo mercado[48]. La burocracia creería que las universidades pueden manejarse como empresas o fábricas y las personas como cosas. Inclusive habría un afán totalitario en el querer homogeneizar las conductas y pensamientos, atentando contra la creatividad, la libertad intelectual y la autonomía universitaria vista como "premoderna".

Lo mismo sucedería en el interior de las instancias académicas. No serían los pares científicos quienes manejarían la evaluación, sino los administradores que influirían en el funcionamiento de los equipos evaluadores. La evaluación estaría siendo manipulada por una burocracia académica que quiere permanecer en sus puestos para huir de la docencia y la investigación.

La respuesta a la discriminación resultante de la evaluación radicaría en buscar una alternativa por medio de la legitimidad y el consenso de profesores, investigadores y alumnos. En este contexto se cuestiona no sólo la evaluación, sino también la práctica más tradicional de los exámenes. Y detrás de la implantación de la evaluación estaría el problema salarial: los sistemas de estímulos en las instituciones de educación superior están determinando incrementos de ingresos muy significativos por encima del salario básico de los académicos (y quizás en el futuro también de los trabajadores administrativos) pero los mismos no alcanzan a todos, ni a todos por igual, amén de que disminuyen la capacidad de negociación salarial de los sindicatos.

Según este punto de vista los pares no son pares. Los comités operarían discrecionalmente, fijando arbitrariamente sus criterios;

---

48 Parecería haber en esto una sobrestimación tanto de los tecnócratas como del mercado, teniendo en cuenta los escasos vínculos que existen todavía hoy en México entre la educación superior, la innovación en ciencia y tecnología y las empresas privadas.

aunque en público afirmaran que se abren a las críticas, en su funcionamiento real no harían caso de las consultas a la comunidad y seguirían siendo herméticos; a veces estarían incluso integrados por académicos de menor currículum que aquellos a los que se niega reconocimiento. Se rechaza también la posibilidad de que los evaluadores, dada la cantidad de trabajo que acumulan en lapsos relativamente breves, puedan realmente examinar todos los expedientes que les llegan.

En suma, para quienes rechazan la evaluación la tarea del evaluador sería más una profesión de autoritarismo que de evaluación. Pero para una visión más moderada dentro de este mismo enfoque, el problema de la evaluación no vendría tanto de fallas en los comités dictaminadores como del intento equivocado de generalizar un modelo importado de las ciencias naturales, lo que es algo distinto que decir que es un modelo traído del extranjero por motivos económicos o que se trata simplemente de una imposición del gobierno.

En esta perspectiva una posición más moderada une a la observación epistemológica un análisis de relaciones de poder. Organismos como el Sni se entretendrían demasiado en los expedientes, perdiendo la visión integral. No tendrían en cuenta la interdisciplinariedad por seguir el modelo de las ciencias exactas; y la no interdisciplinariedad acarrearía cierto grado de alienación cognoscitiva, aparte de que la ciencia estaría politizada de partida dada su relación con el poder[49].

En este sentido el Sni habría dado lugar a grupos de científicos que se reproducen a sí mismos por intereses ilegítimos. Tras la evaluación habría un proceso de poder, y como tal debería ser democratizado. La crítica de izquierda, al referir la evaluación esencial-

---

49 Este último comentario (tal vez teóricamente inspirado en Michel Foucault) sugiere una conclusión aparentemente no profundizada, que es la de que el problema ya no radicaría en la evaluación sino en la institucionalización del conocimiento científico en sí mismo.

mente a un proceso de imposición y por tanto de poder, ubica la solución sobre todo en la transformación política del sistema por medio del consenso, la democratización y la legitimidad. También se proponen medidas técnicas –en general coincidentes con lo que más arriba se categorizó como crítica interna del sistema– tales como crear grupos de pares reales, dar a la evaluación un sentido de perfeccionamiento del evaluado y no de castigo, abatir el exceso de reglamentación y dar mayor atención a la creatividad científica que se diferencia de la "ciencia normal".

A lo anterior se añade el malestar de una parte de la élite académica no precisamente izquierdista, mas sí acostumbrada a una libertad creativa tradicionalmente no constreñida más que por la obligación de cumplir con tareas institucionales de docencia. En este segmento las opiniones en contra de organismos como el SNI pueden ser no menos demoledoras que en la franja de izquierda. Se resiente la burocratización de la vida académica, que se identifica con cierto "amiguismo" o cartelización de los altos funcionarios universitarios a efectos de usufructuar las mejores prebendas y beneficios de la vida académica[50]. Según este punto de vista la evaluación no hace sino burocratizar más lo que ya estaba burocratizado. Instancias como el SNI serían un sistema paralelo sobrepuesto a instituciones en la práctica "desacademizadas", pero dado que las primeras no pueden manifestar directamente su desconfianza en las segundas, la trasladan a las personas del investigador y el docente. Una vez instalada tal dinámica, sin embargo, se generan compromisos tendientes a suavizar y rutinizar la amenaza de la evaluación, por lo que se ablandan los patrones de exigencia y la evaluación contribuiría a la tendencia hacia la mediocridad que

---

50 En tono más reposado, un testigo del momento de la creación del SNI opina en fecha reciente: "se escucha que el SNI favorece al investigador establecido. (...) no es que yo comparta esas críticas, pero, vamos, favorece al investigador establecido o con influencias y contactos en otras esferas incluyendo a los comités de evaluación y a los editores" (Foro Consultivo Científico y Tecnológico y Academia Mexicana de Ciencias 2005: 28).

vendría a combatir. El único objetivo serio que podría tener el SNI, entonces, sería el de desaparecer (Sheridan 1997).

3. *A favor de la evaluación*

Quienes en contraste con lo hasta aquí visto opinan que la política de evaluación está bien orientada no dejan de reconocer el hecho histórico de que en la educación superior ésta fue sesgada desde un inicio por el pago de subsidios o salarios adicionales a los básicos[51]. Pero el SNI y el CONACYT no inventaron este tipo de evaluación, que en México siempre existió, con variantes, para el ingreso o la promoción en instituciones académicas. Se defiende que se fijaron reglas claras por parte de organismos como el SNI, pero que de todos modos los procedimientos acaban por agotarse (así como un título universitario en el largo plazo no garantiza que el portador siga manteniendo un nivel adecuado de conocimientos en su disciplina).

Cambios como los que introdujo el SNI en su momento habrían servido para garantizar la continuidad laboral de los investigadores. Para eso se definieron principios como la revisión por comités de pares y el estímulo a una cultura de la evaluación que hasta entonces era muy precaria. La política oficial, en consulta con la comunidad científica, trató al mismo tiempo de refinar otras instancias evaluadoras como el CONACYT. Su fruto ha sido que el sesgo evaluador se haya filtrado a toda la academia, cambiando la

---

51 Lo que es un hecho bien sabido: "El Sistema Nacional de Investigadores en buena parte (...) surgió de la necesidad de aumentar los salarios en la crisis de 1984 (...) y la imposibilidad de ofrecer un aumento salarial a todo el mundo." Pero quizás sea más importante la afirmación siguiente: que el SNI surgió "primero como un sistema de evaluación individual, con el paso del tiempo y a medida que crece ya es un sistema de evaluación de las instituciones, un tanto indirecto, pero que funciona" (ambas citas en Foro Consultivo Científico y Tecnológico y Academia Mexicana de Ciencias 2005: 25).

discrecionalidad con que antes operaba cotidianamente[52]. Lo más cuestionado fue la dureza inicial de los criterios de evaluación, que exigía a los investigadores publicaciones o citas en revistas internacionales, sin considerar los niveles relativos de desarrollo de las distintas disciplinas y sus respectivas culturas de investigación en México[53].

Para progresar el sistema debería tomar en cuenta, precisamente, las características propias de cada materia, adoptando criterios flexibles aunque no excesivamente altos. Habría que usar orientaciones de evaluación variables, aprovechando la experiencia acumulada de los pares que han elaborado distintos criterios por disciplina e incluso por rama de una misma disciplina. También se podrían adoptar puntos de vista generales, como, por ejemplo, el de que si un investigador maduro tuviera un proyecto que contara con el visto bueno de sus pares, bastaría que presentara un protocolo, un registro de sus actividades y un aval de pares de nivel internacional, sin tener que repetir los procedimientos administrativos por los que ya pasó antes en su carrera. En resumen, habría que considerar: 1) si el procedimiento en funcionamiento actual es el más adecuado; 2) la diferenciación de la evaluación por grupos de edades, evitando tratar por igual a los investigadores maduros que

---

52 Efectivamente el Sni, pese a resistencias y críticas, provocó una mayor penetración de la cultura de la evaluación en las Ies que la que había logrado anteriormente la evaluación de proyectos por el Conacyt –su antecedente más importante– al generar un grupo relativamente pequeño pero muy visible e individualizado de académicos reconocidos y dado que el estímulo económico que reportaba en tiempos de crisis salarial (y aún después) atrajo a un número siempre creciente de postulantes. Al relacionarse en una fase posterior a otros mecanismos de evaluación e inclusión institucional, dicho efecto se intensificó.

53 En este rasgo de partida pudo pesar la influencia que tuvieron en el origen del Sni los científicos del área de ciencias naturales y exactas, que alcanzaban en promedio un grado de profesionalización e internacionalización de sus métodos y formas de difusión del trabajo mayor que los de otras áreas de conocimiento.

a los que recién empiezan; 3) distinguir criterios por áreas y aún por disciplinas dentro de áreas. Estas reglas deberían alcanzarse por consenso.

El CONACyT defiende la evaluación por pares, que es muy antigua y que pese a las resistencias que levanta aún no ha tenido remplazo a nivel internacional. También ha buscado desde su inicio afinar criterios. Sus programas consolidan esta labor en rubros tales como infraestructura, repatriación de cerebros, becas y otros, cada uno con sus convocatorias y criterios de evaluación respectivos. Los funcionarios del CONACyT no participan por principio en las aceptaciones o rechazos de solicitudes, dejando exclusivamente esta responsabilidad a los comités de pares.

Los comités encargan rutinariamente dictámenes externos a expertos, siguiendo el criterio de no juzgar proyectos que no tengan al menos dos evaluaciones externas[54]. Se ha ampliado el número de comités por áreas, dada la gran cantidad de pedidos que llegan y se busca asegurar arbitrajes con exigencia de nivel internacional, aún cuando los juzgadores sean nacionales. Al final, en sesión plenaria de cada comité, se discuten proyectos y dictámenes. Los juicios se establecen de acuerdo a los referentes de calidad determinados, a si el proyecto busca aportar conocimientos de frontera, si su metodología es sólida, si es una investigación colectiva, etc. También se toman especialmente en cuenta las postulaciones de investigadores jóvenes, o de quienes pertenecen a universidades de los estados, de modo de favorecer la descentralización de las actividades científicas del país.

No se acepta o rechaza un expediente por mayoría de votos, sino por consenso. Algunos problemas del proceso de juzgamiento se

---

54 Nótese que en este punto la exposición se ha desplazado del SNI a la evaluación de proyectos de investigación, también dentro de la esfera del CONACyT. Sin embargo es notorio que hay una relación entre las dos cosas, porque los investigadores distinguidos por el SNI son naturalmente postulantes a los apoyos que brinda el CONACyT para proyectos de investigación, sin perjuicio de que ambos tipos de evaluación se procesen por cuerda separada.

han resuelto. Por ejemplo, en una etapa previa de las evaluaciones era usual que uno de cada tres árbitros antes no respondiera, incidencia que fue disminuida al igual que la tardanza en contestar. Actualmente se prefieren proyectos con duración de tres a cinco años y no de un solo año. Existe también una controversia en curso sobre si conviene integrar como evaluadores a investigadores jóvenes: su visión puede ser más limitada, pero a la vez pueden contar con más tiempo y entusiasmo para estudiar los expedientes. En Estados Unidos se ha comprobado que los dictámenes de los jóvenes son más fundamentados, y esto es importante sobre todo en los casos de rechazo, que son los que más alientan la sospecha de que habría reglas espurias no escritas en el funcionamiento de los comités.

Estos y otros problemas son especialmente sensibles en una comunidad pequeña de investigadores como la que tiene México, por lo que se pide a los evaluadores abstenerse cuando hay conflictos de intereses debidos a relaciones personales positivas o negativas con el evaluado. Otro punto que se discute, sin llegarse aún a un consenso, es si, como piden segmentos de la comunidad académica, se debería quitar la confidencialidad de los dictámenes, de forma que los evaluados conocieran el nombre de quien los juzgó.

Por lo demás, en previsión de que México entrara a la etapa de los grandes logros científicos, habría que cambiar los sistemas de evaluación en varios sentidos. En primer lugar sería necesario evaluar sobre todo el trabajo en equipo, porque cada vez más la ciencia moderna se hace en grupos. Sin embargo, los conceptos de evaluación le han dado poca importancia a lo colectivo[55]. Incluso en algún momento se llegó a comentar que algunos comités dictaminadores al asignar puntajes a trabajos grupales los multiplicaban

---

55 Esto ha cambiado por orientación de las mismas políticas del CONACYT, que apoyan la formulación de proyectos colectivos e insisten en la necesidad de que los investigadores participen en redes nacionales e internacionales de conocimiento.

por un factor devaluatorio, disminuyendo la cuota parte de cada investigador individual.

En necesario también usar el instrumento de la evaluación para fomentar metas científicas ambiciosas, haciendo que los equipos busquen nuevas ideas y descubrimientos efectivos, atrayendo a jóvenes investigadores promisorios.

En tercer lugar habría que introducir modificaciones en las técnicas evaluatorias, pasándose del énfasis cuantitativo al cualitativo, a efectos de fomentar un más alto nivel intelectual. Por ejemplo, en vez de sopesar el número de artículos publicados por un investigador, examinando sus cuatro o cinco trabajos más importantes dando oportunidad al autor de defender su contribución[56].

Sin embargo, la realidad de muchas instituciones de educación superior (sobre todo en los estados) no se presta fácilmente a una consolidación de las condiciones de generación del conocimiento de alto nivel, menos aún a su aplicación a la industria o a su circulación a nivel internacional. La experiencia de los años pasados muestra que los objetivos de la evaluación de la educación superior deberían precisarse más, teniendo en cuenta tanto el punto al que se ha llegado como una perspectiva estratégica de futuro.

¿Qué es lo que en esta perspectiva debería esperarse? Que el país llegara a ser productor de una tecnología vendible en el mercado internacional. En caso contrario seguiría condenado a competir en el mercado mundial gracias a la baratura de su mano de obra y por tanto a la pobreza de muchos de sus habitantes. Para ir más allá se necesita un sistema nacional de innovación que cubra todas las etapas significativas, desde la generación de ciencia básica hasta la venta de tecnología. En el seno de la Organización para la Cooperación y el Desarrollo Económico (OCDE) a la que pertenece México, se distinguen tres niveles en la constitución de un sistema nacional de innovación: la ciencia pura, la transferencia de conocimientos a nivel tecnológico, y la vinculación del sector productivo

---

56 Criterio que también ha sido adoptado por el SNI.

a la ciencia y la tecnología. México no ha progresado mucho en los dos últimos aspectos pero tiene bastante desarrollo en ciencia pura. Para dar el salto lo importante no es tanto aumentar los recursos gubernamentales para la investigación científica como enlazar los tres elementos, interesando sobre todo a las empresas privadas (como sucede en los países más desarrollados) en el financiamiento de la investigación científica ligada a la producción. Porque México es de los últimos entre los países de la OCDE por inversión en ciencia y tecnología[57] y en consecuencia uno de aquellos en donde menos gasta la empresa en los mismos rubros.

Otra cosa es la calidad de la investigación. Hay indicadores como citas en revistas internacionales que tienen valor cualitativo. Se supone que los artículos que ahí se editan son aceptados por su calidad, aunque también hay que convenir que existe preferencia en dichas publicaciones por productos provenientes de países no latinos. Sin embargo, aún considerando este factor de obstrucción, los indicadores de calidad de la producción científica en México siguen siendo bajos.

En conclusión, un aparato científico debe ser amplio y general. Los indicadores de evaluación deben fomentar el crecimiento de la ciencia. Cada paso de investigación desde las ciencias básica hasta el producto vendible debe tener su propia evaluación y sus criterios de operación. Calidad en la producción científica y tecnológica, formación de recursos humanos y vinculación con la industria son los tres objetivos que la evaluación debe buscar, ubicándose en una orientación estratégica precisa y de largo alcance. Países de desarrollo intermedio como Corea y España que alguna vez estuvieron detrás de México lograron dar el salto tecnológico porque contaron con planes nacionales eficaces para ello. México también debería apostar a la innovación, y en contra de la cultura del "paper" y la medianía que la misma conlleva.

---

57 Rasgo que se mantiene: *La Jornada*, México, D.F., 23 de septiembre de 2008, p. 2a.

Colofón

Como síntesis se pueden extraer algunas conclusiones:

- El sistema de estímulos implantado a fines del siglo pasado en lo individual ha atendido más a lo salarial que a la carrera académica propiamente dicha.
- Dado que el mismo responde a su vez a un rediseño del financiamiento estatal a la educación superior, se ha visto muy condicionado por dicha perspectiva.
- Lo que quedó pendiente fue lo que concierne más a la vida interna de las IES públicas (en especial las universidades autónomas) como es la carrera académica, las relaciones laborales, el apoyo administrativo y el desarrollo de la infraestructura. Algunos de estos aspectos son hoy atendidos por el PIFI, otros son de resorte de las propias IES y según el caso, han encontrado o no solución.
- El régimen de estímulos individuales ha sido positivo en algunos puntos: permitió elevar ingresos, incentivar actividades, impulsar a los académicos a hacer estudios de posgrado, diferenciar hasta cierto punto intensidades de dedicación al trabajo, y también retener o atraer personal calificado a las IES (con las variantes regionales e institucionales ya señaladas). Pero también tiene fallas: a) ata demasiado la idea de evaluación a la de pago de ingresos, exagerando el método de estímulo-respuesta; b) es excesiva la cantidad de ingresos que permite ganar en relación a los salarios base, que han permanecido deprimidos[58]; c) lo anterior sólo ha sido posible con base en dar premios monetarios por encima del salario base para diversos tipos de actividades académicas, importantes o no tan importantes. Sin entrar al

---

58 También en esto hay variantes dependiendo de cada institución, su régimen particular de estímulos, el apoyo monetario que para ello recibe del gobierno y la disponibilidad de fondos propios. El bajo nivel de los salarios básicos repercute por otro lado en el cálculo de las pensiones de retiro.

tema de la simulación, esto favorece un febril papeleo y busca de certificados por actividades poco trascendentes, que a veces distorsiona el concepto de trabajo académico.

- El sistema actual, por distintas razones ya vistas no ha favorecido el reclutamiento de personal académico joven en adecuada proporción. En parte ello se debió en el pasado a cuestiones salariales, pero ya no es tanto así, cuando las posibilidades de empleo en el sector público o incluso en el privado no son tan prometedoras y las remuneraciones académicas se han elevado. La superación de las IES se ha centrado en algunos aspectos decisivos como aumento de salarios y apoyo a la realización de posgrados por los académicos, pero no ha trabajado el conjunto de variables que hacen atrayente a una universidad como lugar de trabajo. El reclutamiento de personal joven es escaso y -aunque se realice por concurso- no escapa totalmente a criterios de relación personal que no siempre miran a la calidad intelectual del candidato. También juegan las deficiencias del sistema de retiro, que no estimulan a académicos en edad de jubilarse o con alternativas laborales fuera de la universidad a solicitar su jubilación, haciendo un lugar a los jóvenes.

Sin embargo, dadas las condiciones económicas del país, la buena combinación de ingresos con estabilidad laboral que ofrece un grupo o importante de IES públicas, más la existencia de un número creciente de egresados con mejores niveles de preparación que en el pasado (aumento notorio de gente con doctorados nacionales o en el extranjero, etc.) así como la incertidumbre laboral tanto en el sector público como en el privado, en el futuro inmediato es plausible que un número cada vez mayor de jóvenes con buenas perspectivas de realización aspirarán a ingresar a las IES, favoreciendo la renovación necesaria de su personal.

Capítulo IV

EL FACTOR FINANCIERO

Actualidad

En la programación de largo plazo de ANUIES (2000) para que en el año 2020 las instituciones de educación superior mexicanas pudieran contar con recursos suficientes, 2% del PIB se debería aplicar en esa fecha a la educación superior y 1,5% al desarrollo en ciencia y tecnología. Como se ha visto, actualmente menos de 1% del PIB se aplica a educación superior y 0,40% a ciencia y tecnología. El compromiso del llamado "Gobierno del Cambio" que asumió funciones en 2000[1] era de llegar en 2006 a una inversión de 8% del PIB en todo el sector educativo, meta que no se cumplió. Según datos oficiales, este porcentaje en 2007 se acercaría a 7%, sumados los gastos público y privado. Un 77,3% de tal cifra (o sea, 5,4% del PIB) correspondería al gasto público[2]. El desglose del gasto público por niveles del sistema educativo sería de 63,1%

---

1   El término se debía a que en esa fecha por primera vez un partido de oposición accedía a la presidencia en México, luego de setenta años de predominio del Partido Revolucionario Institucional (PRI) y sus antecesores directos.

2   Datos de este párrafo extraídos de Informe de Gobierno 2007, cit. Los números absolutos para 2007 fueron $671.592,3 millones de pesos mexicanos de gasto nacional total –público y privado– y $519.023,1 millones de gasto público (con un paridad de divisas de aproximadamente $10,5 pesos mexicanos por un dólar estadounidense).

para educación básica, 10,2% para educación media superior, 19,2% para educación superior y 7,5% para otros tipos de educación[3]. El gasto público anual por alumno de educación superior sería de $50.300, en comparación con $10.400 para alumnos de primaria y $66.800 de educación media superior.

También el programa de becas para apoyar a los estudiantes con pocos recursos, en un país en que al menos un 50% de la población se encuentra bajo la línea de pobreza[4], se considera fundamental para ampliar la matrícula y aumentar la calidad del rendimiento de los educandos, a la vez que –como demuestran las estadísticas- ayuda a disminuir la deserción estudiantil[5].

El financiamiento es una de las variables más sensibles del sistema de educación superior, en vista de las crisis cíclicas a que se ha visto sometida la economía mexicana en los últimos treinta años.

---

3   Si se trata de ver el porcentaje de gasto en comparación con el porcentaje de alumnos, de acuerdo a cálculos elaborados con base en cifras absolutas de la misma fuente (N=28.117.900 estudiantes en toda la educación pública) en el año 2007-2008 a la educación básica le correspondió el 82,8% de la matrícula; a la media superior el 11%; y a la superior el 6,2%. Tomando como referencia la distribución del presupuesto educativo arriba reportado, se observa un sesgo del gasto favorable a la educación superior, en parte porque ésta tiene costos unitarios por estudiante más elevados, pero también presumiblemente por el énfasis de la actual política educativa en el fortalecimiento del sector.

4   Por lo cual el combate a la pobreza es objetivo principal del Plan Nacional de Desarrollo 2007-2012 (Poder Ejecutivo Federal 2007). El desarrollo educativo es naturalmente parte de esta estrategia.

5   En 2007, de 6.136.200 de becas asignadas en todo el sistema educativo 290.000 (4,7%) fueron otorgadas a estudiantes de educación superior (por medio del PRONABES) en comparación con 774.100 (12,6%) dadas al nivel medio medio superior (Informe de Gobierno 2007, cit.). Se nota un sesgo favorable al nivel medio superior, en consonancia con el sentido no sólo de combate a la deserción escolar sino también de movilidad educativa ascendente que tienen los programa de becas. En efecto, un estudiante becado en la media superior provoca un aumento de la tasa de retención y egreso en dicho sector, que al mismo tiempo aumenta el número potencial de postulantes a ingresar a la educación superior.

Para cumplir las metas actualmente definidas debe incrementarse el apoyo económico oficial a la educación superior pública, pero el gobierno también espera que las IES busquen otras fuentes de financiamiento, lo que les permitiría racionalizar el gasto y establecer un manejo distinto del dinero público que se les otorga. Pero en la actualidad la asignación de fondos federales a la educación superior no responde a criterios claros, siendo predominante el factor de negociación política entre el gobierno y cada institución o grupo de instituciones[6]. A su vez, la búsqueda de financiamientos alternativos (la vinculación, mediante contratos de cooperación con empresas privadas u organismos del estado; Casas y Luna 1999) no ha fructificado hasta ahora en muchas IES, si bien tiende a crecer. También han crecido las aportaciones de los gobiernos de algunos estados locales a la educación superior.

En comparación con economías desarrolladas, pocos recursos financieras se han dirigido históricamente a la educación superior en México[7]. Además los recursos financieros han dependido de ciclos económicos que han dificultado definir criterios consistentes de largo plazo. El financiamiento privado a la educación superior ha sido un paliativo a los recortes presupuestales del estado[8], pero en grado relativo y a menudo más orientado a la cantidad que a la calidad (no obstante que en el sentido común la imagen sea a menudo la contraria[9]). En el financiamiento público ha habido

---

6   Respecto de criterios más racionales de asignación del presupuesto véase ANUIES (2006) y Rubio Oca (2006b).

7   Ver análisis y cifras en Valenti, Varela y del Castillo (2000); y para el período reciente, Mendoza Rojas (2007). Pero esto se reproduce en el conjunto del sistema educativo: México es de los países de la OCDE con menos gasto por estudiante (OECD 2008b).

8   En 2007, el aporte privado significa el 22% de todo el gasto nacional en educación (calculado con base en números absolutos de Informe de Gobierno 2007, cit.).

9   Existe presumiblemente una importante disparidad en la calidad de los servicios educativos que imparte el extendido sector de las IES privadas, que tiene escasa regulación por parte del estado. Un indicador de ello es

cambios de dirección, estimulándose inclusive la competencia por fondos entre instituciones de educación superior, con base en desempeños diferenciales[10].

La participación del gobierno es también importante en la formación de recursos en ciencia y tecnología, pero rezagada en el conjunto de los países de la Organización para el Crecimiento y el Desarrollo Económico (OCDE) de la que México es país miembro. Por su parte el sector privado mexicano también dedica escasos recursos a investigación y desarrollo. Pero la tasa de crecimiento de los recursos humanos en esta materia en los últimos años es de todos modos significativa, marcando un posible cambio de tendencias. Otro elemento típico es el hecho de que el personal dedicado a ciencia y tecnología sea empleado sobre todo por el sector público (en universidades o centros de investigación) lo que es una señal de la descoordinación entre el sector productivo privado y el sistema de educación pública, pero también, en términos generales, de un escaso desarrollo económico y tecnológico del país en conjunto.

Durante la época de las reformas anteriores a 1980, el criterio para asignar fondos a las universidades públicas (sobre todo por parte del gobierno federal) era el del número de matrícula, pero ello se prestaba a la distorsión de cifras por las propias IES, por lo que en la década de 1980 se empezó a considerar el número de trabajadores (administrativos y académicos) en las instituciones (Secretaría de Educación Pública 2003)[11]. Junto con ello se estableció la

---

que un gran número de las mismas no pertenece ni parece muy interesada en pertenecer a la Federación de Instituciones Mexicanas Particulares de Educación Superior (FIMPES) que exige garantías de calidad para aceptar la afiliación.

10 Así sucede, por ejemplo, en el sistema de los Centros CONACYT, dedicado a la investigación científica y tecnológica (sobre esta relación entre educación superior y CONACYT, véase Secretaría de Educación Pública 2003).

11 El financiamiento público tiene tres grandes componentes: el ordinario, el extraordinario y el asociado a la ampliación de la oferta educativa. El

homologación de los tabuladores para el personal académico de las universidades públicas, lo que puso en evidencia que los grupos académicos en cada institución eran sumamente heterogéneos debido al desarrollo histórico de cada Ies, como también lo era la relación cuantitativa entre el personal de apoyo y administrativo. De ahí que parte del presupuesto oficial para la educación superior se derivara a proyectos sometidos a juicios de calidad financiados por programas como Fomes y Promep (Mendoza Rojas 2002) buscándose afinar una metodología para la determinación del costo de las actividades de las Ies, fundada en criterios de desempeño académico, y con reglas fijas para la asignación y utilización de los recursos públicos[12].

Con estos criterios, según datos de la presidencia, en últimas fechas el gasto público en el subsistema de educación superior pasó de $3.716,9 millones de pesos en 1990 a $40.339,1 millones en el 2000[13] y a $78.109,6 millones en 2007 (Informe de Gobierno 2007, cit.). De acuerdo a la Sep en el decenio 1995-2005 el aumento de esta cifra fue de 57,2% en términos reales (Rubio Oca 2006b); y para Anuies, entre 2000 y 2005 el crecimiento real fue de 22% con

subsidio es de origen federal y estatal. El presupuesto se integra con los rubros de costos de nómina de personal autorizado, gastos de operación, ampliación de infraestructura, costos de ampliación de oferta educativa en su caso, e importes de proyectos incluidos en programas especiales (Secretaría de Educación Pública 2003).

12 Es cuando –de acuerdo a los cambios teóricos y prácticos en la administración pública mexicana ya aludidos– se importa el concepto anglosajón de "accountability" a la educación superior, así como a otros ramos del ejercicio público. Pero como se ha señalado, la percepción de las Ies y de la misma Anuies es que aún no existe una racionalización satisfactoria de la asignación del gasto en educación superior: "se demanda un nuevo esquema de financiamiento que, en un contexto de certidumbre, asigne los recursos con toda transparencia y objetividad, más allá de situaciones coyunturales, a fin de evitar decisiones arbitrarias tanto por el poder Ejecutivo como en el Legislativo" (Anuies 2006: 154).

13 El gran salto nominal en esta década se debió también a la crisis económica de 1994-1995, que depreció la moneda mexicana.

una tasa de incremento anual de 4% (Anuies 2006). Mas Anuies también observa:

> "En el mismo período, la matrícula en Ies públicas creció en 23% con una tasa de crecimiento anual de 4,2%. Ello indica que en el sexenio se tuvo prácticamente un estancamiento del financiamiento comparado con el tamaño del sistema. Sin embargo, si se toma en cuenta el presupuesto aprobado para 2006, se estima para finales del año una disminución mayor." (Anuies 2006: 156).

Como quiera que sea, el financiamiento va más allá de lo meramente económico, pues pauta la relación entre gobierno e Ies. Ello porque, dado el aún restringido desarrollo de los convenios de vinculación que permitirían a las Ies incrementar sus ingresos propios, y en vista de las resistencias sociales que por lo general despiertan las posibles alzas de cuotas pagadas por los estudiantes en instituciones públicas, los incrementos presupuestales se han logrado en buena medida por medio de los programas de Sep que aseguran recursos a cambio de rendición de cuentas muy específicas.

El punto del pago de cuotas por los estudiantes, que es obligatorio en las universidades públicas e institutos tecnológicos del estado, no deja de provocar tensiones y conflictos periódicos (Rosas 2001). En México como en otros países, el tema de la necesidad de la contribución directa de los educandos al costo real de la educación se ha puesto sobre el tapete de discusión, pero las reticencias se fundamentan particularmente en la interpretación del artículo tercero de la Constitución de los Estados Unidos Mexicanos (Varela Petito 2000). El mismo establece que "toda la educación que que imparta el estado será gratuita". Sin embargo, las instituciones de educación superior suelen cobrar cuotas. En el caso de las universidades autónomas ello puede interpretarse como un resultado de su estatuto jurídico de autonomía, pero es claro que aún Ies no autónomas como los institutos tecnológicos exigen también cuotas a sus educandos, lo que a no ser que se interprete con mucha liberalidad el término "gratuidad" (o el término "estado") plantea dudas. Lo más viable es pensar que cuando se elaboró la constitución se estaba pensando sobre todo en la educación básica (que efectivamente sigue siendo gratuita) y no tanto en la superior, que en gran parte quedaba librada a las decisiones de sus autoridades internas, en una época en que, por lo demás, sólo personas pudientes accedían en general a este nivel educativo y no había un excesivo rigor en la vigencia del estado de derecho, dados los poderes extraconstitucionales de que gozaba la presidencia de la República bajo el régimen político emanado de la revolución mexicana. Pero en la medida en que las universidades ampliaron su matrícula y el espectro social de reclutamiento de sus estudiantes, la cuestión comenzó a plantear enfrentamientos (muy especialmente en la UNAM, donde las cuotas han quedado reducidas a una mínima expresión en términos reales) si bien no se ha suprimido el cobro e inclusive ha aumentado considerablemente en las IES públicas situadas fuera de la capital (Varela Petito 1997)[14].

Como desemboque de este haz de problemas ligados al financiamiento de la educación superior (y a otros capítulos de la política pública) es clara la necesidad de una reforma fiscal sólo concretada parcialmente hasta ahora y con base en la cual, mediando voluntad política, podrían agendarse en forma más efectiva las prioridades de la educación superior, así como una más justa asignación de presupuesto educativo a las entidades locales, que a su vez beneficiara a las universidades públicas con rezagos. Pero para ello la descentralización fiscal (Guerrero 2004a) debería ser real y los gobiernos de los estados deberían complementarla con una política comprometida y eficaz de apoyo a las IES en su res-

---

14 Esta mayor aquiescencia (relativa, según IES y regiones del país) de las comunidades de las universidades públicas de provincia al reajuste de las cuotas pagadas por los estudiantes, tiene explicaciones políticas influidas por la posición que las mismas guardan en el sistema de educación superior.

pectivos territorios. Ha de pesar también una opción estratégica que resuelva el dilema de si lograr una mayor equidad en la distribución del presupuesto público entre Ies o si continuar con la práctica actual, que favorece prioritariamente a instituciones que ya han logrado una consolidación importante y una apertura sensible a las indicaciones de la política de desarrollo de la educación superior formulada por el gobierno.

Tendencias

Motivo de queja de administradores, trabajadores universitarios y expertos en educación superior, el financiamiento acota variables decisivas de la estructura y funcionamiento del sistema. De suerte que no queda claro en que medida las Ies requieren fondos para sus transformaciones planeadas o en que medida, por el contrario, cambia para obtener fondos de acuerdo a orientaciones de gobierno o de organismos internacionales (Rivero Zambrano, 2006). Si bien la educación superior pública sigue mayormente sustentada por el estado y en especial por el gobierno federal, son constantes las mencionadas sugerencias para que diversifique sus fuentes de ingresos por medio de la administración de recursos propios, el cobro de cuotas y servicios, las actividades culturales pagas, los apoyos de ex-alumnos, la filantropía y la vinculación con empresas. Dadas las actuales tendencias, las Ies probablemente se convertirán en instituciones de alcance demográfico más vasto que requerirán nuevas formas de financiamiento. La admisión incrementada que se está verificando, por flexibilización de criterios de admisión (y precios de promoción en el caso de algunas universidades privadas) sin duda habrá de trasladar nuevos fenómenos sociales con sus respectivos desafíos escolares.

No es dable vaticinar como habrán de evolucionar las asignaciones públicas para la educación superior, pero la lógica de la disciplina fiscal parece indicar que como se acaba de ver no es fácil que se de un aumento sostenido en términos reales, pues aún en el supuesto de un incremento de la recaudación fiscal hay otras demandas sociales apremiantes que serán competitivas con los requerimientos de la educación superior[15]. A nivel internacional se han diseñado ensayos de solución como sistemas de becas a partir de la licenciatura y créditos educativos que también se empiezan a implementar en México. La materia del financiamiento alentará también posiblemente la renovación del debate sobre los "vouchers" educativos[16], que si no está directamente relacionado con el aumento de ingresos sí lo está con la canalización y uso de los mismos de modo de impactar la organización y orientación de las Ies (Bazúa y Valenti 1991). Por otro lado el costo de las cuotas que paguen los estudiantes, variable según la institución pública de que se trate, seguirá atado a la discusión acerca del beneficio social o individual de la educación superior y la oportunidad o no de su pago directo por los educandos y sus familias. Pero la discusión es circular: el estudiante se beneficia individualmente en la misma medida en que la sociedad también gana con el hecho de que haya más gente con más educación. El asunto de fondo no es tanto de

---

15 Aunque se trate de una economía con mucho menor desarrollo que la de México y de un sistema político con sus peculiaridades, el caso reciente de Bolivia es ilustrativo: para poder financiar el subsidio a las personas de la tercera edad el gobierno nacional retaceó ingresos a municipios y universidades públicas lo que fue, si no causa profunda, al menos sí disparador de un grave conflicto.

16 Método de asignación de fondos por el cual el subsidio público no se entrega a la institución educativa, sino en forma individualizada al usuario del servicio (o a sus tutores legales, en caso de ser un menor de edad) de modo que éste pueda elegir el establecimiento de su preferencia, en vez de ser inscrito en uno predeterminado por la zona de residencia u otro criterio. Se supone que ello estimularía la competencia entre instituciones públicas (o incluso privadas, si la legislación lo permitiera) ansiosas de captar el subsidio, lo que elevaría la calidad del servicio educativo. (Pero supone una capacidad de ajuste del sistema educativo y sus recursos a un giro drástico de la demanda, que es poco viable en la práctica, para no ahondar en otras implicaciones sociales.)

costo-beneficio como de administración fiscal y de decisión política. La lógica del pago directo radicaría en que si el que cursó la universidad obtiene un retorno económico[17] ello se lo debe al país y debe pagar mientras estudia o a posteriori (si se trata de un crédito educativo) ayudando a solventar en este último caso a las nuevas generaciones que estudian. Al mismo tiempo sería un método para que las personas tomaran conciencia del costo de la educación, de acuerdo al precepto económico de que nada es gratis, pues todo bien y servicio tiene un costo de producción, independientemente de quien realice o de como se realice el desembolso.

En lo referente a la eficacia de las universidades públicas financiadas por el estado, la propuesta de los "vouchers" significaría entregar el subsidio al usuario y no a la institución, de modo que el primero decidiera el empleo del dinero optando por una u otra institución, votando con los pies y generando así una suerte de evaluación informal acerca de la calidad de las universidades públicas. Otros instrumentos como el Programa Nacional de Posgrados de Calidad y el Programa Integral de Fortalecimiento Institucional se adaptan también a un tendencia internacional de asegurar subsidios gubernamentales a la educación superior condicionados a evaluación, por medio de convenios y rendición de cuentas puntuales y periódicas. Se combina así un control anterior a la ejecución de los programas con otro posterior, enfocado a resultados.

En el manejo financiero se concentran distintos puntos críticos de la educación superior, pues el dinero es un articulador de múltiples variables sociales. En materia de remuneraciones académicas, gracias al aumento en el gasto educativo, estas se incrementaron en

---

17 Como forma de ablandamiento de un sistema que de otra forma sería muy rígido y contraproducente con el objetivo de abrir más el acceso a la educación superior, dentro de esta propuesta se supone que quien no tenga fondos propios para pagar la educación superior pública de todos modos no la pagará y quien obtuviera un crédito educativo pero no contara con trabajo suficiente al egreso para cubrir los costos del mismo también quedaría exento, al menos temporariamente.

términos reales a partir de la primera mitad de los años de 1990, corrigiendo una gran caída en la década anterior y coincidiendo con el aumento de los ingresos públicos proveniente de la desincorporación de empresas estatales. No obstante, a pesar de que la estabilidad del profesor o investigador de carrera en su puesto está más protegida que la de otras categorías laborales (públicas o privadas) de alguna manera lo alcanza la incertidumbre económica general. Dependiendo de la institución (y en contra de lo que se había supuesto cuando se introdujo el sistema de incentivos monetarios por evaluación individual analizado más arriba) la proporción de estas remuneraciones académicas que son potencialmente variables o incluso suprimibles no sólo por falta de rendimiento laboral sino también por escasez superviniente de fondos es muy elevada y –con algunas excepciones– no se ha encontrado la forma de hacerla pesar cabalmente en los derechos jubilatorios, pese a que se descuentan impuestos sobre estas partidas no menos que sobre los salarios-base.

La cuestión salarial pesa así sobre la contratación de académicos, pues no estimula a los mayores a jubilarse ni abre espacio a los jóvenes[18]. Esta cerrazón, por barreras financieras, jurídicas y administrativas, influye en que las universidades privadas hayan sido en los últimos años las que más elevaron la contratación de profesores[19].

La comparación entre educación pública y privada muestra como se vincula la contratación de académicos a la gestión de la

---

18 Sin perjuicio de que, como se explicó, se presenten también casos de desocupación friccional por desajuste entre oferta y demanda de trabajo académico, sobre todo en universidades públicas de los estados.

19 Entre 1990 y 2007, los profesores de educación superior privada se multiplicaron casi por cuatro, pasando de 28.696 (21,3% del total del sistema) a 111.276 (39,2%) lo que marca un incremento cercano a 300%. En el mismo lapso los de educación superior pública pasaron de 105.728 (78,7% del sistema) a 172.871 (60,8%) con un crecimiento de 63,5% (calculado con base en datos de Informe de Gobierno 2007, cit.)

educación superior y en consecuencia también las distintas conductas laborales. En las universidades privadas se puede hacer como en las públicas una carrera académica sustentada en contratos de tiempo indeterminado[20], pues a las mismas también les conviene seleccionar y retener un personal calificado. Pero en el conjunto de su profesorado tiene más peso la libre contratación: contratan más porque pueden eventualmente despedir más y esto incide sin duda en el control del trabajo académico. El profesor de educación pública es un trabajador relativamente más estable, aún cuando no haya pasado por el concurso de ingreso definitivo, entre otras razones porque tiene un sistema de protección jurídica y sindical más firme. Cuando a esto se suma el contrato definitivo, el académico logra aún más solidez en el puesto, y por eso es escasa la motivación sindical de los académicos de carrera, independientemente de que estén formalmente sindicalizados o no. (De hecho se vuelven doblemente independientes, frente a la autoridad universitaria y frente a los sindicatos.) Por tanto, en las instituciones de educación superior del estado en la última década la mayor presión gerencial se ha dado bajo la forma de remuneración ligada a evaluación de desempeño, que aunque no toca la estabilidad contractual alcanza otra variable fundamental, la del ingreso. Hasta que grado garantiza efectivamente este procedimiento calidad y cumplimiento es algo en discusión (aunque dicha posibilidad no puede ser negada a priori). Pero es evidente que vincula con fuerza planeación y financiamiento y fomenta un uso más intensivo de los recursos humanos académicos. Por contra, es limitado el grado de control laboral que se desprende de los mecanismos de evaluación. Los mismos han servido sobre todo para diferenciar niveles de produc-

---

20 Aunque también en ambas hay un número muy importante de profesores contratados sólo por horas. No obstante este empleo, sobre todo cuando involucra un número considerable de horas en una misma institución, puede determinar cierta estabilidad laboral y ascensos de categoría, aunque no estrictamente una carrera académica.

tividad y de pago dentro de una misma categoría docente o para generar un estatus económico preferencial para los académicos de mayor calificación y rendimiento, pero no refuerzan la subordinación jerárquica, que por razones estructurales es débil en las instituciones educativas públicas.

A su vez, en materia de estudiantes, el desarrollo del sector privado de la educación superior muestra que muchos de los que pueden pagar (no sólo pertenecientes a la clase alta) están dispuestos a hacerlo según una estimación subjetiva de distintos ponderables, no sólo de calidad académica, sino también de otros como la seguridad de las instalaciones o los valores educativos alternativos a los de la universidad pública (mentalidad empresarial, ambiente religioso, etcétera). Es presumible que el crecimiento de la educación superior privada, con un papel que escasamente cumplía antes –la absorción de una gran parte de la demanda social incrementada de educación superior (aparte de aquella confesional o de élite)– tiene que ver históricamente con tres aspectos críticos de las instituciones públicas: agudos conflictos políticos (sea con el gobierno o en el interior de las mismas casas de estudio) calidad de la enseñanza y escasez de fondos. Sumados tales factores durante años existieron serios obstáculos al desarrollo de las universidades del estado (donde se concentraba la demanda) desbordadas en sus capacidades de gestión y si bien en algunos períodos (década de los setenta y primera mitad de los noventa) los financiamientos oficiales crecieron, ello no impidió una deriva bastante explicable, dadas las circunstancias, hacia escuelas privadas que por su parte percibieron y aprovecharon la coyuntura. No había ninguna objeción constitucional que el gobierno pudiera oponer a esta reestructuración más o menos espontánea del sistema de educación superior; pero es probable además que la misma haya sido vista con buenos ojos por las autoridades educativas, pues ayudaba a la captación de una matrícula creciente, ponía un objetivo contrapeso a las universidades públicas, las sometía a una situación de competencia y –no lo menor– quitaba presión a un gasto educativo que a partir de 1982 sufriría muy severas restricciones. La profundización de la diferenciación del sistema en público y privado ayudó a desahogar, parcial y paulatinamente, urgencias educativas que la política oficial y las mismas instituciones de educación superior no lograban solucionar por sí mismas.

Por último, la importancia del financiamiento de la educación superior también se puede comprobar en la distribución de la matrícula por carreras. En los extremos hay una tendencia a la escasa opción estudiantil por carreras de humanidades, ciencias básicas y algunas ciencias sociales como sociología, mientras la demanda se mantiene alta en disciplinas como medicina, abogacía, economía, contaduría, comunicación, administración, psicología y algunas ingenierías. Otras como computación, con limitado cupo de inscripción pero con buenas oportunidades laborales, también se saturan rápidamente. Es sencillo concluir que estas preferencias se deben a una alta orientación al mercado de trabajo y también polivalencia, en el sentido de que se trata de carreras que permiten flexiblemente cambiar de un sector a otro del mismo mercado. Aunque algunas de estas opciones de estudio (medicina, abogacía) parecen ser de demanda rígida en el largo plazo independientemente de la coyuntura laboral, el cuadro general es también signo de la precariedad de ciertas expectativas económicas y de la falla del financiamiento público en fomentar selectivamente carreras necesarias para el desarrollo del país, pero que no encuentran posibilidades de trabajo en el sector privado, que ha pasado a ser el empleador por excelencia[21].

---

21 La principal fuente de empleo público o privado para las disciplinas menos favorecidas por el mercado de trabajo es la docencia, pero vista en el conjunto del sistema educativo no es una ocupación que favorezca la diversificación de tareas, la variación de la rutina, ni menos las buenas remuneraciones. Además, no todos aquellos a quienes la necesidad económica obliga a asumir este tipo de trabajo tienen vocación por la enseñanza. Adicionalmente, el estrechamiento de la base laboral refuerza el elitismo del segmento de los

Reflexiones finales

Con el crecimiento económico se espera un aumento del producto y del bienestar social que permitirá más educación, y por tanto más oportunidades de educarse. Sin embargo, a más educación de un mayor número se da más desvalorización de los niveles inferiores de educación, con mayor alargamiento de los estudios y tecnificación de las profesiones. Esto pone en tela de juicio ideas como las adoptadas por las autoridades mexicanas en la década de los ochenta, de que los niveles más bajos de la educación son los más redituables en proporción a la inversión, y por ello hacia los mismos debe orientarse prioritariamente el gasto educativo[22].

Quienes hablan de caída en la calidad educativa por "populismo" que traería asociados diversos problemas financieros, suelen mencionar entre otros factores: baja en criterios de exigencia docente; en eficiencia en la administración de los recursos; y en preparación de los docentes. Pero en ello hay que incluir analíticamente, la relación entre reformas académicas, proyectos políticos y ciclos económicos. En el financiamiento de la educación, como en todo fenómeno socio-político, es muy importante el papel del sistema político nacional y como se procesan este tipo de proyectos y las tensiones políticas que a su implementación se asocian. También, naturalmente, cuenta la disponibilidad financiera del estado. Por ejemplo en México en cierto momento se optó por más igualdad

---

profesionales de humanidades o de ciencias básicas que acceden a financiamientos especiales del estado, como becas para creadores o apoyos a la investigación.

22 La observación reciente de la OECD coincide con la del público en general: "los incentivos para alcanzar una preparación terciaria siguen siendo fuertes, tanto en términos de salarios más altos como en mejores perspectivas de empleo (...) Además la demanda del mercado laboral de trabajadores muy cualificados ha crecido en forma considerable" (OECD 2008a: 2). Lo que no quita que sea obviamente correcta la voluntad de combatir las carencias de educación básica.

(Plan de Once Años y sus repercusiones) porque había más recursos (época del desarrollo estabilizador) que permitían menos contradicciones entre crecimiento económico y redistribución del ingreso (pero limitado este último a las capas media) y porque el mismo desarrollo económico exigía más escolarización.

En un análisis realista se debe criticar la doble falacia de que calidad es igual a democracia por un lado y, por el otro, que apertura social de la educación es igual, automáticamente, a calidad. No es que estos objetivos sean "per se" antagónicos, pero el reunirlos puede ser a a lo sumo un logro buscado de la política educativa, y no una suposición a priori. Pero en definitiva sólo se puede reducir la desigualdad ante la enseñanza al reducir las desigualdades socio-económicas. Las reformas escolares bienintencionadas pueden no implicar mayor novedad, aún en los países más avanzados en términos económicos, sociales y culturales[23]. Por eso, independientemente de las bondades que puedan traer en términos presupuestales y de eficiencia las propuestas en debate, existe una desigualdad educativa que se expresa en reformas, discusiones y tensiones sociales.

Una perspectiva de política pública debería estimar el financiamiento educativo por el impacto positivo o negativo que pudiera tener en el acceso de distintos grupos sociales a la educación en general (y a la educación superior en particular). Algunos autores han señalado que hay un espacio de decisión en la elección de estudios superiores por las personas que acceden a ellos (o también a otros niveles educativos anteriores) lo que involucra una ecuación que combina posición social, con estimación del costo-beneficio de la educación, más percepción del riesgo de la elección[24]. En esta óptica las políticas gubernamentales que buscan asegurara mayor

---

23 Luhmann y Schorr (1993) ven la sucesión de reformas educativas como una fuga hacia adelante dada la no resolución de las contradicciones básicas del sistema educativo.
24 En una interpretación libre de la obra de Boudon (1980: cap. III).

cobertura de la educación superior disminuirían costos y riesgos generando un mercado protegido que otros ven como manifestación de "populismo", ante la evidencia de que dichas políticas no aseguran ni calidad de la enseñanza ni adecuación entre oferta y demanda de fuerza de trabajo especializado para el desarrollo[25]. En una dialéctica de avance y retroceso, ante los desajustes financieros que el crecimiento induce, hace tiempo altos funcionarios resumieron un pensamiento que sin embargo ni la SEP ni las autoridades universitarias han logrado hacer operativo:

"No es verdad que la gratuidad de la educación superior sea garantía de justicia social. Subsidiar al que puede pagar es también injusto; la gratuidad al menos no debiera ser generalizada.

No es razonable postergar y evadir la puesta en práctica de cuotas y colegiaturas más apegadas al costo real de la educación, por temor a las reacciones y la agitación estudiantil. Hay suficientes evidencias para mostrar que los estudiantes y sus familias pueden hacer esfuerzos mayores y están dispuestos a hacerlos, si a cambio reciben una educación de mayor calidad.

No es sensato asumir que la universidad se 'contamina' cuando cobra los servicios que cobra a las personas y organizaciones (...)" (Todd y Gago 1990: 145)[26].

---

25 Pero la relación entre educación y desarrollo no consiste sólo o no consiste tanto en que el sistema educativo genere la fuerza de trabajo necesaria para continuar la expansión, como en el hecho de que el desarrollo acarrea en sí la ampliación del sistema educativo, independientemente de la suerte laboral de los egresados. Mas como se sabe, la demanda también moldea la oferta y ello se ve en las transformaciones del mercado de trabajo y del estatus de las profesiones, así como en la inserción que ello ofrece a los titulados de educación superior.

26 En consonancia, el informe más reciente de la OECD comprueba que "en casi todos los países de la OCDE, la mayor expansión reciente se ha dado en la educación del sector terciario" y que el gasto en educación subió, con un aporte público de 86% del total, por lo que "la educación sigue siendo predominantemente una empresa pública". Sin embargo también crece el gasto privado, "como para poner en tela de juicio el criterio de que la

Pero a nivel de la educación pública si la educación superior está creciendo –especialmente en una país con las características económicas y de distribución del ingreso que tiene México– ello quiere decir que cada vez más estudiantes provenientes de familias con escasa capacidad de pago[27] están ingresando a este nivel, como lo demuestra el hecho de que la retención de estudiantes se esté apoyando más en un programa de becas que de préstamos (que sería un mecanismo más propio de la clase media).

Es cierto, si se observan las cifras totales de gasto en educación, que el pago personal directo por educación superior aumenta, pero no va tanto al sector público sino que se canaliza vía inscripciones en IES privadas. Por lo que no parece que la respuesta al problema financiero del sector público se de por el paso del financiamiento estatal al autopago. Ello quiere decir que las familias dispuestas a pagar dan tácitamente su respuesta en la materia generando sus propios espacios educativos, lo que deja entender con bastante claridad que el problema educativo no es sólo financiero sino también de selección social[28]. En las IES públicas de mayor prestigio este fenómeno se atenúa, pero en la medida en que las diferencias sociales y educativas de los niveles inferiores se transfieren a ellas por medio de una política de promoción de un mayor número de ingresados a la educación superior ello puede cambiar. Pero sobre

---

educación terciaria es primordialmente una responsabilidad del Estado. De hecho, este criterio poco a poco ha sido sustituido por la percepción de que, en vista de los rendimientos públicos y privados compartidos que aporta la educación, los costes y las responsabilidades por su prestación también deben ser compartidos por quienes se benefician directamente y por la sociedad en general (es decir, empresas y familias privadas así como gobiernos), al menos en el nivel terciario de la educación" (OECD 2008a: 2-3).

27 O no dispuestas a pagar por la educación, que es lo mismo.

28 De hecho la educación privada provoca por medio del pago una territorialización de los espacios educativos de acuerdo a criterios de selectividad social que claramente responden no sólo a grupos de élite sino también de clase media.

todo, el que estudiantes de clase media o alta se inscriban en el sector público no indica que sus familias estén dispuestas a pagar más. Por el contrario, parecería que en tal caso, aparte del aspecto propiamente educativo, hay también un cálculo de costo de oportunidad basado en la gratuidad o el escaso monto de las cuotas.

Tampoco la propuesta de los "vouchers" educativos, como se ha indicado más arriba, tiene una implementación eficaz. El dinero en principio está a disposición de la sociedad, el dilema técnico y sobre todo político es como asignarlo eficientemente lo que quiere decir justicia, calidad y en la medida de lo posible evitar los conflictos en torno a la educación superior; lo que nos introduce al tema del capítulo siguiente.

Capítulo V

EL FACTOR POLÍTICO

Enfoque

En este capítulo se abordarán dos cuestiones distintas pero determinantes en el desempeño de la educación superior pública: los cambios en términos generales en la gestión estatal y la dinámica política interna de las IES públicas (especialmente las universidades). Respecto al primer punto, cabe puntualizar que en lo teórico el estudio de la política en América Latina se ha vinculado históricamente al tipo de problemas que estos países buscaban resolver en primer lugar. Durante un largo período, el enfoque prevaleciente fue el político-jurídico, en una época en que los problemas absorbentes eran de organización constitucional, dentro de la óptica de la ciencia política tradicional. En la segunda posguerra del siglo XX la temática fue absorbida dentro de la agenda de los estudios del desarrollo. Esto se debió a la importancia que el problema del crecimiento industrial había cobrado en los países latinoamericanos y al desarrollo en paralelo de las disciplinas sociológica y económica.

Tal viraje, si bien tuvo el efecto de desplazar la anterior óptica formal, buscando poner en primer plano los grandes procesos histórico-sociales, acarreó en contraparte algunas limitaciones, en lo atinente a la formulación de un análisis político específicamente enfocado al estado[1]. Tal vacío comenzó a ser salvado en la primera mitad de los años setenta, cuando el estudio de las relaciones entre profundización del desarrollo y nuevas formas de estado (Varela Petito 1991a) si bien conducido en el marco de teorías estructuralistas, permitió alumbrar nuevas perspectivas de conocimiento. Pero la temática del estado como un todo, pasado su primer impacto estimulante en el panorama intelectual, también planteaba dilemas. Sea porque estaba en discusión la misma pertinencia de su aplicación a sistemas políticos dispares, en algunos casos identificados con formas tradicionales y patrimoniales de dominación que parecían contradictorias con la idea misma de un estado moderno; sea porque para acceder a un nivel satisfactorio de investigación se requería la desagregación analítica de la cuestión en distintos rubros. Así empezaron a surgir, en las décadas finales del siglo pasado, estudios o discusiones teóricas centrados en temas más concretos, como las élites políticas, la crisis del estado de bienestar y las políticas públicas[2].

Al igual que en las anteriores etapas de análisis, dicha renovación de los intereses intelectuales ha sido estimulada por nuevos fenómenos en la región. Así como la emergencia de regímenes autoritarios en los años sesenta y setenta trajo a colación la cuestión del estado, la nueva coyuntura condujo a prestar atención a los procesos de transición a la democracia y la restructuración de los sistemas de regulación e intervención estatal. Un esquema de síntesis, aplicable a distintos países latinoamericanos comprendería al menos tres aspectos:

1. La reforma política: entiéndese por tal los aspectos propiamente políticos (en el sentido más comprensivo) del cambio. No se trata de la tradicional distinción entre política como toma de

---

1 Lo que en cambio sí se había desarrollado a nivel de la ciencia económica.
2 Sobre este último punto, véase Varela Petito y Hernández Rodríguez (1987).

decisiones y administración como "correa de trasmisión", sino que se refiere a la relación entre estado y sistema político, por un lado y al estado visto en su estructura interna, por otro. Ambas perspectivas se hallan ligadas y se retroalimentan, por la interacción del estado con el sistema político de partidos, los movimientos sociales y los grupos de interés organizados. la estructura del mismo estado. Se engloban en esto los cambios que han tenido lugar en relación con problemas de representatividad, democratización y reforma electoral o constitucional, que afectan de una manera u otra en la historia reciente, a la mayoría de los países latinoamericanos.

2. La desregulación: se refiere, en un sentido amplio, a aquello que tiene que ver con la disminución del tamaño del estado y la reducción de sus funciones de control social sobre todo (aunque no exclusivamente) en lo económico. Deriva de la política económica, pero tiene una dinámica política propia, por cuanto en una situación como la de México impacta también al gobierno en su relación con las fuerzas organizadas del sistema político. Incluye por ejemplo la privatización de las empresas estatales y también otros tipos de desincorporación de servicios públicos, liberaciones tributarias y supresión o disminución de trámites administrativos.

3. La racionalización de la burocracia estatal: aunque vinculado a los puntos anteriores, tiene también su peso específico. La racionalización de la burocracia estatal puede entenderse desde el punto de vista de su reducción, que ha sido la meta más invocada, o de la organización o reorganización del servicio civil, de los cambios en las formas de contratación del personal o, más genéricamente, de las relaciones laborales en el interior del sector público. Ello impacta asimismo a la relación entre gasto público, políticas sociales y política de empleo.

Los cambios en el Estado

Lo que se plantea como reforma del Estado es básicamente el resultado de un conjunto de transformaciones económicas producidos en los niveles mundial, regional y nacional de cada país. Ello no niega que haya factores políticos fundamentales en el reajuste ni, mucho menos, que no existan diferencias en los efectos y respuestas que el cambio produce en cada sistema político. Y aunque la economía ha sido con frecuencia el detonador de los cambios, al observar la situación internacional no se puede escapar a la comprobación de que tras todos los esfuerzos que se han hecho en los últimos años en los países latinoamericanos para ajustar las economías a las nuevas condiciones del mercado mundial, el mismo exhibe hoy un estado de evidente fragilidad. Un indicador de esto es el que los principales centros económicos internacionales se encuentren a las puertas de una recesión (que probablemente será prolongada) fruto de fuertes auges especulativos.

Un segundo punto a destacar es la compleja situación de la industria y su relación con el empleo y con los canales de inclusión social. La industria ha sufrido especialmente con el reajuste; pero antes, los esquemas predominantes de desarrollo latinoamericano de la posguerra se habían basado en un impulso a la industrialización que creó o amplió notablemente esos tan mencionados sectores sociales modernos que son la clase obrera y las clases medias, consolidando los mercados internos y aportando nuevos patrones de urbanización, consumo y cultura, que permitieron la expansión del sector educativo. Actualmente los procesos industriales de la región no inducen un desarrollo social similar al de los años cuarenta a setenta del siglo pasado. Los grupos sociales producto de la industrialización han sufrido el reajuste de las últimas décadas y gran parte de la llamada "nueva pobreza" se origina en dichos sectores. Con las tecnologías en uso, tampoco es seguro que un renovado empuje industrializador solucionara las necesidades de empleo, dado el ahorro de mano de obra que procura.

Se ha producido una transformación que rebasa el ámbito latinoamericano y afecta a las principales formas de organización, empezando por el mismo estado. En América Latina, el crecimiento de la segunda mitad del siglo pasado fue acompañado de una importante presencia estatal, inclusive en países con menores índices de desarrollo. Este modelo contaba con respaldo internacional, tanto de corrientes intelectuales como de organismos de crédito que estaban dispuestos a financiarlo. En contraste, en los últimos treinta años el estado ha reducido su tamaño y funciones. Sin embargo el tamaño del estado no es en sí un indicador de poder. En términos sencillos hay tres orientaciones principales de la actividad del estado: el control político, la regulación de la economía y la provisión del bienestar a la población. Los reajustes no han disminuido el primer punto (por el contrario, durante largos períodos signados por el autoritarismo lo reforzaron) y sí relativamente los dos últimos. En el renglón estratégico de la regulación de la economía las nuevas tendencias mundiales obligan a una constante atención oficial a las cuestiones comerciales, monetarias y financieras. Con la globalización y la apertura, el papel del estado sigue siendo importante como promotor de acuerdos comerciales y fiscalizador de su cumplimiento. Si bien se puede discutir sobre las medidas adoptadas y sobre sus metas, es menos discutible que el papel del estado en América Latina en cuestión de control político y regulación macroeconómica sigue siendo importante.

Dicha situación ha traído una serie de condicionamientos en materia de competitividad, globalización, eficiencia y dependencia de los proyectos de gobierno respecto de disponibilidades financieras. Los países se desempeñan más que nunca en un espacio transnacional de mercados que superan fronteras y que, si a algunos brinda nuevas oportunidades, a todos vuelve muy directamente vulnerables a los altibajos de la economía mundial con sus repercusiones políticas internas.

El estado –descontando sus empresas comerciales e industriales, que en muchos casos han sido desincorporadas– no produce recursos en la medida necesaria y por tanto los extrae por vía fiscal del sistema económico, lo que suele generar fricciones con distintos grupos sociales. Por tanto prima una visión restrictiva de los recursos con que se puede contar, lo que implica que manejar proyectos gubernamentales requiere una definición precisa de los niveles adecuados de regulación de la economía, de los criterios de administración de recursos y de las metas a priorizar.

Todo ello impone una observación del contexto internacional en que deben actuar las naciones como México. No es algo totalmente nuevo, dado que el entorno mundial siempre ha puesto condiciones, pero esto actualmente se ha incentivado mucho. Los gobiernos han encontrado un límite en sus posibilidades y aspiraciones de gestión. La idea de que el estado es capaz de asumir prácticamente todas las tareas sociales, que se acentuó luego de la Primera Guerra Mundial y fue tan típica durante las cinco o seis décadas siguientes, hoy tiene menos curso. Tal vez por eso su desempeño se concibe ahora estrechamente vinculado a la sociedad civil y coordinado con actores no gubernamentales, con la finalidad de gestión de metas, procesos y recursos. Conferir un papel al estado no es sinónimo de estatizar, de ampliar el margen de tareas administrativas directamente en sus manos, sino más bien de buscar expresa o tácitamente el enlace de distintos actores sociales y políticos[3].

Al mismo tiempo el corporativismo, en tanto mecanismo de negociación de políticas entre cúpulas, prototípico del estado mexicano durante gran parte del siglo anterior, se ha visto dismi-

---

3   Así puede entenderse el visto bueno de facto a la extensión del sector privado de la educación superior. Véase respecto de la gobernanza Aguilar Villanueva (1992).

nuido. Ello es visible en el caso de los sindicatos, que han perdido afiliados y capacidad de presión. Un fenómeno similar probablemente se esté gestando en las corporaciones patronales, que no pueden asegurar a sus afiliados condiciones de protección frente a las nuevas coyunturas económicas. Pero aún en lo subsistente, el corporativismo tradicional, institucionalizado como mecanismo de negociación de políticas, no deja de ser un arreglo de cúpulas. La gobernanza supone una estructura más descentralizada de gestión de problemas sociales, en que incluso organismos privados de mercado, o sociales sin fines de lucro que tuvieran pequeña escala y poco poder, pudieran asegurar un espacio reconocido en el sistema político. Pero ésta es una construcción ideal; queda por ver como la gobernanza se constituye y funciona efectivamente en casos concretos.

Por otra parte las situaciones de crisis y los condicionamientos externos hacen que la economía y los procesos de modernización se confíen a grupos de especialistas muy autónomos, con considerable grado de impermeabilidad a las demandas sociales. Esto no lo viven sólo los asalariados, sino también muchos empresarios y desde luego condiciona las políticas sociales. Para el tema de este trabajo[4], un cuadro realista de los márgenes de la política presente debe tener en cuenta tales tres elementos: decadencia (aunque no extinción) del corporativismo, débil gobernanza y considerable autonomía de los gestores gubernamentales de la política económica y social, incluida la educación.

---

4   Se dejan aquí de lado otros aspectos de la evolución del sistema político y partidario, que no se relacionan directamente con el tema de este libro.

La política en las universidades[5]

La política siempre ha ocupado un lugar central en las Ies públicas latinoamericanas, especialmente en las universidades (Solari 1968). Sea en sentido lato, como toma de posición en cuestiones nacionales; sea en sentido particularizado –pero no menos importante– como discusión acerca de las medidas educativas a adoptar en el nivel superior o en otros niveles. También en sentido pragmático, como presión de grupo para lograr concesiones y beneficios; o más polémicamente, en tanto vinculación de la universidad a intereses partidarios. Tal omnipresencia subraya el fuerte enraizamiento de las universidades en las gravitantes realidades sociales. La práctica reiterada de la política en los claustros llevó, en forma consciente o espontánea, a la generación de culturas políticas, entendidas como conductas estabilizadas y más o menos institucionalizadas en estructuras de gobierno colegiado, y parte aceptada de la formación de una conciencia y de un bagaje intelectual del educando del nivel superior.

En un inicio ello era fruto de un intento por civilizar y dar signo formativo a una realidad que de todos modos existía en fermento. Tal preocupación animaba a los círculos de activistas estudiantiles pero también, en la medida en que transcurrió el tiempo, a las autoridades universitarias, que llegaron a aceptar que tal dinámica también era parte de la formación educativa; y a las organizaciones políticas internas o externas a la universidad, que se beneficiaban con los cuadros juveniles fogueados en la práctica universitaria.

---

5 En los siguientes apartados el análisis se restringe a las universidades públicas, que desde principios del siglo xx han sido dentro del conjunto de las Ies casos típicos de fenómenos políticos como los que aquí se analizan; aunque ello no excluye que los mismos puedan también producirse en instituciones superiores tecnológicas o normales (como sucedió concretamente en México con el Ipn en 1968).

El interés de los universitarios –y particularmente de los estudiantes– por la política tiene raíces viejas. Se explica por el papel de la universidad como formadora de élites, y en este sentido las universidades tradicionales, decimonónicas, ya tenían un indudable peso. Se esperaba que todo egresado universitario –dado lo reducido de su número hasta mediados del siglo XX y lo elevado de su formación intelectual– fuera en potencia un dirigente social, aunque no se dedicara estrictamente a la política. Algunas profesiones liberales como la de abogado, la de médico o la de ingeniero, nutrían los cuadros partidarios y eventualmente gubernamentales.

Las más importantes universidades públicas latinoamericanas han pasado, sin perjuicio de sus diferencias, por tres etapas que se pueden abreviar como sigue, atendiendo a la relación entre organización académica y cultura política[6]. La primera etapa es la de la Reforma, que se da sustancialmente entre los años de 1918 y 1930 (Marsiske 2003). Se produce una intensa discusión acerca de la innovación académica (actualización de currícula, educación integral, cátedras libres, contratación de profesores sujeta a revisión periódica de acuerdo a rendimiento) acompañada de una marcada sensibilidad social (responsabilidad de los universitarios frente a los desposeídos) que con frecuencia deriva a un discurso político contestatario. Al mismo tiempo los estudiantes –impulsores de estos cambios– no dejan de reclamar medidas que no son estrictamente de reforma sino de disminución de la disciplina académica, como es la supresión de determinados tipos de examen o de requisitos de admisión.

La segunda etapa, de consolidación, se produce en la posguerra de 1945 en adelante y particularmente en los años cincuenta. Las

---

6   Estas etapas no son exactamente coincidentes con las tres etapas de desarrollo de la universidad latinoamericana de acuerdo con el análisis de IESALC (Instituto Internacional para la Educación Superior en América Latina y el Caribe 2006) expuesto en el capítulo II. Pero es bueno contrastar ambas periodizaciones.

universidades tienen un notable crecimiento, a la vez que suelen llegar a su dirección académicos que se formaron en el ambiente de las luchas reformistas de décadas anteriores. Los gobiernos en muchos casos han accedido a algunas de las demandas centrales que antes resistían, especialmente la concesión de una autonomía creciente a las casas de estudio en cuanto a gestión administrativa y académica. El movimiento estudiantil ha adquirido una considerable madurez política, diversificando su acción en varios frentes: defensa de la autonomía, participación en el gobierno de las universidades y reivindicación gremial de ventajas económicas y académicas para sus agremiados. La organización de los estudiantes suele funcionar en cercana relación con las autoridades universitarias, sirviendo incluso como ariete institucional para exigir a los gobiernos el cumplimiento de demandas solicitadas por aquellas. La socialización de los educandos en una cultura política que atiende tanto a la realidad nacional como a la situación interna de las universidades (incluida la discusión de la organización académica) es una constante de esta época en distintos países de América Latina.

Posiblemente esta socialización era sólo parcial. Había círculos de intensidad decreciente en la adhesión, que iban desde los militantes estudiantiles de tiempo completo hasta el alumno sólo preocupado por obtener un título; pero no hay duda de que los núcleos militantes contaban con amplios consensos ideológicos entre los no movilizados (lo que no excluía las fricciones entre distintas posiciones políticas). El consenso también se lograba por la capacidad de las élites estudiantiles de gestionar ventajas para todos los estudiantes (becas, flexibilidad de requisitos académicos, materiales didácticos a precios reducidos, etcétera).

En los años de 1960 sobreviene una tercera etapa de crisis. Es difícil reducir todas las causas a un patrón uniforme. En parte las universidades llegan a una situación de saturación por excesivo crecimiento demográfico. (En tal sentido en México la UNAM es un caso muy representativo de una institución que sufre las consecuencias de la recarga producida por un sistema de educación superior insuficientemente desarrollado, que hasta la fecha mencionada reposaba sobre todo en una Ies[7].) Ello va a producir un deterioro de la calidad académica y del clima político interno de las casas de estudio. Pero a la vez que el sistema se satura, el país vive la paradoja de una captación insuficiente de estudiantes por parte de la educación superior. Por otra parte se reavivan los conflictos entre universidades y gobiernos, a menudo con trágicas consecuencias. Muchos gobiernos dan marcha atrás en su anterior decisión de respeto a la autonomía[8]. Además, la insatisfacción de muchas familias con el estado de las universidades públicas, sumado al

---

7   En 1929, el conflicto estallado en la Universidad Nacional Autónoma de México por causas propiamente académicas, coincidió a nivel nacional con la campaña electoral vasconcelista, a la que adherían los estudiantes. En vez de buscar directamente una solución, el gobierno federal prefirió, en vista de la coyuntura, dejar circunscrito el problema al ámbito universitario, concediendo la autonomía a la institución (Universidad Nacional Autónoma de México 1979). Por un lado el gobierno evitó involucrarse en un conflicto que podía culminar en episodios sangrientos; por otro lado (y en consecuencia) la resolución de ese y otros problemas similares recaería en lo sucesivo sobre los universitarios mismos, y por tanto sobre las autoridades académicas. Estas pasaron a actuar como un amortiguador que se interpone en las transacciones entre los universitarios y el gobierno, absorbiendo las tensiones que se generan en el ámbito interno de las casas de estudio e impidiendo que las mismas se comuniquen (al menos de forma directa) al sistema político, fundiéndose con otros problemas generados en otros subsistema sociales. Toda vez que el gobierno se ha apartado de esta lógica (como sucedió en 1968) asumiendo una actitud de injerencia directa, ha vuelto a actuar el factor de agravamiento del conflicto. Esto posiblemente explica la actitud cautelosa de las autoridades federales ante nuevos conflictos como los que se sucedieron por el intento de elevar el pago de cuotas en 1986-1987 y 1999-2000.

8   Esto no es sólo propio de gobiernos conservadores. También el régimen militar progresista de Perú en el período 1968-1975 pondrá restricciones a la autonomía universitaria y en un contexto especial, el gobierno revolucionario de Cuba asimismo suprimirá la autonomía.

estímulo que prestan a la privatización las autoridades educativas, favorece desde los años setenta una diversificación y crecimiento del sistema de educación superior por medio de la proliferación de instituciones de enseñanza privada que no ha sido sólo privativo de México (Levy 1986). En muchos aspectos aún se viven las consecuencias de las transformaciones académicas y culturales que dejó esta crisis.

Los problemas políticos de distinto tipo han sido endémicos, especialmente en las universidades públicas, pero si bien la política no ha dejado de aparecer bajo aspectos conflictivos, también ha contribuido a formar ciudadanos con sensibilidad social y movimientos democráticos; y diversos actores de la comunidad universitaria se han interesado por civilizar la política interna, elaborando una cultura de reflexión y argumentación.

Sin embargo no se puede evitar la comprobación de que mucho ha cambiado en los sistemas de educación superior y en el papel que la política juega en ellos. En el caso mexicano (que reviste en este sentido características similares a las de otros países) se ha llegado a principios del siglo XXI, a un sistema mucho más diversificado y modernizado. Universidades que antes vivían en la modorra provinciana o en el círculo vicioso de las pugnas internas de poder, deben ahora consumir tiempo y energías en recomponer programas, garantizar calidad, rendir cuentas y asegurar fondos derivados de actividades evaluables. Las universidades deben responder a los cambios de las últimas décadas, con una economía nacional más abierta, una evolución acelerada del conocimiento que requiere una actualización constante de las profesiones y una competencia dentro y fuera de fronteras que demanda la aplicación de conocimientos científicos y tecnológicos en una medida en que no los requería la economía protegida que imperaba todavía no hace muchos años.

En este panorama crece la preocupación por la competitividad y el mercado (o los mercados) un tema del que la universidad tradicional no se cuidaba mucho, no por que no le concerniera sino porque la solidez de la formación profesional de antaño, y el puesto seguro que tenían los egresados en la estructura ocupacional hacían innecesario pensar sobre ello. También es notoria una cierta despolitización que aparece en la juventud, lo que es un signo no del fin de la político sino de un cambio de sensibilidades. El fin de la política, como el "fin de la historia", no es más que el comienzo de otra historia. No se puede determinar de antemano como habrá de ser ésta, pero en todo caso volverá a situarse en el campo de los valores, como lo ilustran los debates en torno a la vigencia de la educación pública y la gratuidad de la enseñanza[9].

En cuanto a las formas concretas, con base en desarrollos históricamente observables se comprueba que con cierta frecuencia los movimientos estudiantiles rebasan lo sectorial para centrarse en temas políticos de alcance general (acción política); paralelamente se da la recurrencia de otro tipo de movilización, a veces coincidente con la anterior pero centrada en reivindicaciones sectoriales de tipo gremial. Aunque ambos tipos obedecen a racionalidades distintas y pueden producirse en forma separada, se puede suponer

---

9 Para conocer el papel que la política puede tener en una organización dada, es necesario analizar en primer lugar de que tipo de organización se trata. En la universidad pública tiene que ver con la relación con el estado y con la forma de pago que ello involucra. Es reductivo pensar que esto cambiaría si cambia la forma de pago –v.g. haciendo a los estudiantes responsables de los pagos de cuotas más cercana al costo real de la educación– porque de todos modos el estado es el garante último y financiador principal de la educación pública y por tanto siempre hay una relación política latente que no se da en las universidades privadas, donde prima el criterio de "salida" por encima del de "voz", por más que ambos estén presentes junto a la "lealtad" en ambos tipos de organización (Hirschman 1977). Ello no implica que todas las universidades públicas deban estar siempre conmocionadas (la experiencia histórica muestra que no es así, pues hay períodos más o menos largos de modorra) pero sí que dicha relación política es latente y se manifiesta periódicamente –siendo algunas IES más sensibles que otras a su llamado.

que hay una relación y eventualmente una posibilidad de conversión de uno en otro.

En un sentido genérico los dos tipos de acción son políticos, puesto que buscan incidir en un proceso de toma de decisiones y de distribución de recursos. En ambos casos puede también ser puesta en tela de juicio la estructura institucional del proceso de decisión. Pero lo que es específico del tipo de acción más "política" es el hecho de que con ella se rebase (y a veces se abandone) la perspectiva gremial y la persecución de un interés concreto y sectorial, en aras de demandas más abarcadoras que concernirían a toda la sociedad y que por ello implicarían cierto horizonte utópico e intereses difusos, como fue visible en 1968.

No obstante, la fijación en el estudio de los movimientos estudiantiles puede hacer olvidar que también es fuerte la apatía, condicionada por el alto grado de volatilidad del movimiento estudiantil que se manifiesta tanto en una rápida capacidad de convocatoria como en una comparable propensión a la dispersión, con largos períodos de hibernación. Este elemento visible en otros movimientos sociales, es más notorio en los estudiantes posiblemente debido a rasgos intrínsecos. Del punto de vista socioeconómico se trata de un contingente humano que en buena parte no tiene un estatus definido sino que busca adquirirlo, precisamente por medio de la educación; y en cuanto a la socialización esto representa una etapa de transición en el proceso que culmina con la edad adulta y la inserción en el mercado de trabajo. Ello arroja como consecuencia una alta rotación (y una limitada experiencia política) de las cohortes estudiantiles. Por eso el movimiento no tiene el mismo grado de persistencia ni las mismas modalidades de formación de cuadros de un sindicato o de un partido.

Política, partidos y mercado

El movimiento reformista de los estudiantes tuvo dos grandes momentos, uno en los años veinte y treinta y otro, aproximadamente, desde mediados de los años cincuenta hasta principio de los setenta[10]. Lo que identifica ambos períodos por encima de las diferencias es la pugna por ciertas demandas como la ampliación de la matrícula, la reforma académica (que implica alianzas estudiantiles con profesores y –sobre todo en la segunda etapa– con autoridades universitarias) y la preocupación por problemas socio-políticos que trascienden lo académico. En la segunda etapa, entre los años 1968 y 1975, en varios países como México las movilizaciones estudiantiles coincidieron con coyunturas de crisis políticas.

Un elemento que es sobre todo distintivo de la segunda es la masificación de las instituciones universitarias. No consiste precisamente en el crecimiento del número de alumnos, sino en el desajuste entre el número de inscritos y la estructura académica. Tiene una dimensión cuantitativa, que es la saturación de los recursos humanos y materiales disponibles para la educación superior y otra cualitativa, que es el deterioro de la calidad de la enseñanza. En respuesta a estos problemas aparecen tendencias restrictivas en las políticas educativas, sea en lo que respecta a las condiciones de ingreso a las universidades, como a la asignación de recursos financieros a la educación superior[11]. Dado que la ejecución de dichas políticas no compromete sólo al estado sino también, con frecuencia, a las propias autoridades universitarias, en el caso de México se abre un tercer momento en que, al relajarse el elemento cohesionador que implicaba anteriormente la amenaza gubernamental a la autonomía (aceptada ahora pragmáticamente por la

---

10 Véase una selección de casos nacionales en Marsiske (1999).

11 A veces estas políticas emanan de gobiernos autoritarios; pero no siempre, pues tienen origen en problemas propios de la educación superior que rebasan las características del régimen de gobierno.

mayoría de los gobiernos como una buena solución para el manejo político de las universidades) se generan en las casas de estudio situaciones en que se mezcla un bajo nivel de amenaza externa con un resurgimiento de la conflictividad interna[12].

Derivado de lo anterior se pueden distinguir tres situaciones básicas en la relación entre gobierno, autoridades universitarias y movimiento estudiantil, condicionadas por distintas políticas públicas y alianzas entre actores. La primera es de enfrentamiento de los estudiantes con las autoridades académicas apoyadas por el gobierno; el motivo es la lucha contra el arcaísmo académico y el conservadurismo político (como en la ciudad argentina de Córdoba en 1918). La segunda es la de una alianza entre estudiantes y autoridades académicas, en relación variable con el gobierno (positiva o negativa) pero en todo caso de exigencia. Esta variante admite un desdoblamiento: o se trata de un movimiento en pro de la democracia (caso prototípico, México en 1968), o en procura de la ampliación de los presupuestos universitarios y de mejoras académicas (lo que es permanente en distintas universidades de países latinoamericanos). La tercera suele repetir la coincidencia de la primera entre autoridades y gobierno, pero el factor de racionalización es promovido por gobierno y autoridades, mientras que los estudiantes asumen una posición defensiva en prevención de las medidas restrictivas dictadas por esta política (México 1986 y 1999-2000[13]).

El gremialismo estudiantil ha estado con frecuencia unido a movimientos de tipo político. Sin embargo, son en principio fenómenos distintos. El gremialismo gira en torno a reivindicaciones que tienen que ver con la condición del estudiante y con las formas de impartición del servicio educativo. Su grado de politización puede estar determinado por procesos instituciona-

---

12 Zermeño (1977) analiza esto en la UNAM; pero el caso se repitió en otras IES mexicanas.
13 Véase al respecto Ordorika 2006.

les internos de conflicto y negociación, pero también porque la universidad es un sistema abierto que recibe influencias y sostiene intercambios con el ambiente político nacional. Uno de los resultados de tales intercambios ha sido la injerencia de los partidos en la universidad, porque ésta se ve muy interrelacionada con el ambiente nacional[14]; en ambos actúa la lógica de defensa de intereses e institucionalización de relaciones de poder que atrae a los partidos. Estos tienen, por definición, una pretensión de universalidad, su vitalidad depende de la capacidad de adaptación a la mayor cantidad de ámbitos sociales posible. Además, la universidad ha sido un lugar de formación de élites y es difícil que los partidos, que se interesan por formar y cooptar cuadros, no hagan allí aparición. Los partidos inciden en la formación de las élites en la misma medida en que grupos de élite en formación buscan relacionarse con los partidos. Aunque las instituciones educativas no pueden aceptar este hecho como legítimo, a menudo tampoco lo pueden evitar. Mas en todo caso la mera exclusión de los partidos no implicaría la desaparición de la política estudiantil (ni de la política universitaria en general) que depende de factores como el que los estudiantes sean un conjunto de categorías sociales con intereses específicos, que se expresan en organizaciones que suelen tener reconocimiento dentro del sistema institucional de las universidades. Por lo demás, la presencia rutinaria de los partidos en la universidad, buscando cooptar o foguear nuevos cuadros, o la simple militancia estudiantil, no siempre afectan la marcha normal de la institución. Cuando así sucede es en coyunturas cíclicas en que la lucha de intereses deriva en el intento de colonización o instrumentalización de la universidad por fuerzas políticas, con los consiguientes conflictos y bloqueos. Esto puede estar condicionado por razones internas, pero también por factores políticos

---

14 Lógicamente esto es más notorio en algunas IES que guardan un papel central en el sistema educativo y político nacional, como sucede en México con la UNAM.

nacionales. Por ejemplo, en un sistema político poco dispuesto al pluralismo sindical o partidario, como fue México durante gran parte del siglo XX es más probable que la acción sindical universitaria –estudiantil, académica o administrativa– fuera el vehículo de fuerzas partidarias o parapartidarias. En cambio, en un sistema político plural no terminaría necesariamente la politización de lo sindical, pero se contaría con estructuras para canalizarlo e institucionalizarlo, como fue sucediendo también en México en la medida en que el sistema político se fue democratizando y la izquierda –fuerza política predominante en las universidades públicas– tuvo un lugar reconocido y creciente en el estado[15].

La relación entre partidos e intereses sociales sectoriales (formalmente organizados en sindicatos o espontáneamente expresados por movimientos sociales) difícilmente llega a expresarse en una fusión total de identidades e intereses, especialmente en sistemas políticos competitivos, en que se incentiva la característica "catch all" de los partidos. Incluso los partidos autodenominados "clasistas" deben responder en tal caso a una heterogeneidad de actores y procedimientos políticos que los ponen en contradicción con el grado de especialización que requiere el servicio prioritario de uno o pocos intereses.

Todo esto conduce no a ignorar pero sí a relativizar el papel que se atribuye a los partidos en la generación o la manipulación de los conflictos universitarios, reformulando el análisis mediante una dialéctica de actores internos y externos, en que sin duda hay acciones coordinadas desde afuera de las casas de estudio, pero también movimientos de adentro en busca de alianzas exteriores, por esa lógica de defensa de intereses gremiales que lleva a los

---

15 Es notorio que pese a haberse generado confrontaciones políticas en los últimos veinte años, las mismas tuvieron escaso impacto –a veces nulo, dependiendo de la institución– en las IES públicas. Los conflictos universitarios importantes que se suscitaron en este período (como el de la UNAM en 1999-2000) fueron por causas que tienen que ver más con la gestión interna de los centros de estudio.

sindicatos a actuar en la esfera política nacional a la vez que los partidos tratan de engrosar su fuerza gestionando intereses sectoriales. Pero como ilustra también el ejemplo de México, las IES en tanto espacios políticos, son también neutralizables por negociación entre gobierno y partidos, presión de la opinión pública o cansancio y apatía estudiantil. El movimiento estudiantil como todos los movimientos sociales tiene ciclos, que no se explican por sí mismos sino por la relación de las IES y los mismos estudiantes con el conjunto de la sociedad y con el sistema político.

Si se traza una comparación entre las universidades públicas y las privadas se verifica que en las últimas no suele darse el mismo tipo de politización ni de conflictividad que en las primeras. Aquí la despolitización se asienta en factores internos. En lo estudiantil se ha dicho que la politización de las universidades públicas tiene que ver con el hecho de que son sistemas abiertos; la misma lógica nos induce a suponer que las universidades privadas son, en este aspecto[16], sistemas relativamente más cerrados. La cerrazón a las influencias exteriores puede producirse mediante medidas cautelares de las autoridades. Pero, dado que tal tipo de medidas no rinde más que un resultado mediocre en las universidades públicas, y dado que se ha sostenido que la politización se produce por una interacción entre factores externos e internos, hay que apelar a otra explicación. La diferencia podría consistir, hipotéticamente, en un mayor consenso interno que opera en beneficio de las instituciones privadas. Por lo general éstas buscan asegurar a sus educandos mejores expectativas laborales que las públicas[17]. También suelen poseer, por razones económicas, un nivel más intensivo de atención escolar, medido tanto en infraestructura como en aplicación

---

16 O sea en el aspecto político; no se se extiende la afirmación a otras variables como la relación con el mercado de trabajo o la sociedad del conocimiento.

17 Lo que no quiere decir que lo logren en todos los casos, dadas las características complejas del mercado de trabajo.

docente y administrativa y en normas disciplinarias[18]. Pero por encima de todo es obvio que las universidades privadas, a diferencia de las públicas, funcionan sometidas a leyes de mercado. Si se descarta la incidencia de otros factores y se analiza la acción estudiantil organizada como resultado del intento de controlar el proceso educativo en función de un interés específico, la principal diferencia entre la universidad pública y la privada radica en que en ésta última el control de los educandos (o de sus familias[19]) se da por medio del precio que pagan y por la presión que ejerce sobre una institución determinada la competencia de otras empresa que rinden el mismo servicio. En las universidades públicas, en cambio, la gratuidad o el precio reducido[20] conforma un público cautivo que debe expresar su inconformidad por otros medios.

Concomitantemente, la diferencia entre universidades públicas y privadas está enmarcada por el hecho de que atienden a públicos distintos. Si bien la base social de la educación universitaria la constituyen mayoritariamente los estratos medios, entre ellos hay distancias económicas que arrojan una composición más popular y numerosa de las universidades públicas y por tanto una aplicación menor de recursos per cápita. Es también de suponer que existe, como promedio, una menor preparación cultural previa del alumnado que ingresa a las universidades públicas, en razón

---

18 Aunque en este nivel educativo la disciplina es siempre más lábil, aún en instituciones privadas. Las Ies y en particular las universidades, son en este sentido organizaciones muy peculiares.

19 En la acción política y gremial estudiantil, como en otros aspectos del funcionamiento del sector educativo, es necesario tener en cuenta el elemento familiar. La experiencia enseña que aún movimientos estudiantiles muy politizados cuentan con cierto grado de apoyo familiar, activo o pasivo. Este factor humano actúa en forma diversa pero no menos comprometida cuando se trata de una Ies particular, en que el pago de colegiaturas sustituye a la política.

20 Recuérdese que en las Ies mexicanas se suele pagar algún tipo de cuota, pero a precios a veces irrisorios y cuando no, de todos modos competitivos con la educación superior privada.

de una composición social en promedio más baja. En síntesis y aunque ello merece matizarse, un alumnado de instituciones públicas masivas que en grandes números posee un estatus social inferior, menor capital social y cultural y expectativas más inciertas y cuya autoridad (sea universitaria o gubernamental) no es de corte empresarial sino basada en el derecho público, será lógicamente tendencialmente más dado a apelar a la acción política que se da por la organización y la acción colectivas, para asegurar posiciones y recursos.

La politización estudiantil en las universidades públicas puede verse así como una tendencia del usuario a controlar el servicio de que se beneficia, en este caso la educación. La conducta de los alumnos (organizados o no) con relación a la universidad, es similar a la del ciudadano común vis a vis el estado de bienestar, pautada por la contraposición entre la situaciones de protección-inclusión-consenso y desregulación-restricción-protesta.

Con base en ello se puede diferenciar el movimiento reformista clásico que reaccionaba ante fuerzas conservadoras tradicionales que se oponían a la expansión de las clases medias, de aquel más reciente que responde a una readecuación de las políticas sociales del estado protector, en una tendencia de restrictiva como la que se ha dado en el gasto público y la política social en las últimas décadas. En esta triple dinámica de relación con autoridades (universitarias o de gobierno) de defensa de intereses (mediatos o inmediatos) y de cambio o de resistencia al cambio, puede quedar ubicado el movimiento estudiantil en cada una de sus presentaciones. Por lo común cuando se moviliza aparece como un actor relativamente organizado, que dentro del marco de la universidad constituye un contrapeso al poder burocrático y docente. Puede dar lugar a una dinámica progresiva, si se genera un esquema institucional de soluciones emergentes que atienda a la demanda de participación que es la constante de los distintos casos. Inversamente, puede contribuir al deterioro institucional y a la degradación de la calidad educativa, si se entabla un trueque de pasividad política estudiantil a cambio de permisividad académica, o si se constituyen alianzas antidisciplinarias de trabajadores (académicos, administrativos o de servicio) y alumnos tendientes a rebajar la exigencia y a impulsar reivindicaciones de corte unilateral. Esto alude a un entrelazamiento más complejo de actores que rebasa netamente lo estudiantil. Sobre ello, para concluir el capítulo, se hablará a continuación.

La dinámica interna

Las universidades públicas se identifican por tres funciones principales: docencia, investigación y difusión de la cultura. Podría haber otras; por ejemplo, la ya mencionada vinculación, aunque éste es un término equívoco, pues por un lado las universidades siempre han estado vinculadas, de un modo u otro, a la sociedad por medio de sus tres funciones mencionadas, y por otro lado dicha denominación no aclara el aspecto principal de esta nueva potencialidad, que sería la de aportar conocimientos para la innovación tecnológica y el desarrollo endógeno de cada país. Este vector reposa sobre la investigación, pero tiene una dimensión tal y un ámbito social tan especial que quizá si se consolidara y desplegara podría delinear una cuarta función independiente, centrada en la innovación. De hecho la confusión de sentido en torno al significado de la vinculación se genera porque bajo este nombre se combinan dos aspectos importantes pero distintos del desarrollo universitario: la necesidad de generar conocimientos originales aplicables y transferibles por un lado y el requerimiento de financiamientos adicionales por otro[21].

---

21 Por el hecho de que este tipo de vinculación con el medio extrauniversitario, cuando se da, se suele realizar por medio de contratos onerosos con instituciones públicas o privadas. La innovación en este carril implica financiamientos extra para las Ies y al mismo tiempo induce la citada

En lo que respecta a las tres funciones tradicionales, se deja aquí aparte la difusión, porque tiene características peculiares. En algunas universidades, aunque formalmente esté encomendada por ley, no tiene realmente mucho desarrollo y aún cuando lo tiene, se desenvuelve en un mundo bastante separado de la docencia y de la investigación. Porque si bien entre éstas últimas puede haber en la práctica separaciones, por esencia son actividades con una proximidad indudable.

En materia de docencia e investigación, si se pregunta que actores las ejecutan la respuesta natural es que son los académicos y los estudiantes; si se agrega la comprobación de que en instituciones grandes o muy grandes, estos actores implican cuantiosos números de matrícula y de profesores e investigadores contratados y mucha variedad de programas, ello determina una complejidad sobre la que conviene reflexionar.

Pero antes es bueno señalar las relaciones específicas entre estudiantes e investigadores. A veces implican prácticas rutinarias de docencia, cuando un investigador imparte cursos regulares iguales a los del profesor que no es investigador. Pero hay en torno a la función de investigación un tipo de entrenamiento peculiar de recursos humanos que es la formación de otros investigadores por lo común más jóvenes, sobre todo por medio de la dirección de tesis o eventualmente de la ayudantía o del servicio social, fomentando un tipo de relación profesor-educando distinta de la que se da en las aulas.

Es preciso también tomar en cuenta el factor administrativo, dado que para realizar las tareas cruciales de la universidad se requieren actividades de apoyo de gran importancia. Aunque no sean las sustantivas, sin ellas no se pueden asegurar las demás ni el funcionamiento en conjunto de las universidades. Lo administrativo pues es una clave para abordar algunos de los problemas

---

ambigüedad en torno al sentido de la vinculación, marcada tanto por la generación de conocimientos como por la búsqueda de fondos.

centrales que se dan hoy día en el desempeño de las instituciones de educación superior de gran tamaño, sobre todo públicas.

La administración en estas instituciones no es sencilla, no sólo porque son de gran tamaño sino porque a menudo tienden a seguir creciendo. Son organizaciones grandes por el espacio que ocupan, por su caudal demográfico, la cantidad de académicos, alumnos y administrativos que concentran y los recursos económicos y de infraestructura que manejan. Aunque la administración en teoría no sea lo esencial, las universidades sin duda son también instituciones burocráticas y eso introduce singularidades en las relaciones entre actores. Existen problemas específicos intraburocráticos: discusiones sobre la eficiencia o ineficiencia del personal, sobre su estabilidad o inestabilidad contractual, el sistema de normas y sanciones más adecuado para que se desenvuelva la organización, etc. Es el aspecto especializado de la administración.

Junto a ello está la cuestión laboral, que deriva de las relaciones salariales y subordinadas y aunque las universidades, por la función educativa que cumplen, tengan dimensiones morales e ideológicas particulares, en su interior hay tensiones y conflictos propios de las situaciones jerarquizadas de trabajo. Y cuando las cantidades de personal subordinado, académico o administrativo son mayores, las cuestiones laborales también adquieren un peso específico, así como la forma de encararlas: organización de los trabajadores, negociación bilateral, tendencias a la corporativización, formas diversificadas de sindicalización de administrativos y académicos, regulación legal del trabajo, etc.

Pero hay algo que es también muy importante cuando se está en presencia de grandes burocracias, que es la relación entre administradores y administrados, o entre la administración por un lado y el público por otro, en relación con el cumplimiento de las funciones esenciales. Una singularidad es que en las universidades públicas nunca queda del todo claro quien es el público en relación con la administración. Se cuentan los estudiantes, sus padres, los contribuyentes que financian a las universidades públicas aún cuando ellos o sus hijos no asistan a las mismas, pero también el gobierno (en sus instancias federal o locales) que –inclusive en las universidades públicas jurídicamente autónomas– tiene una indudable influencia por medio del ejercicio presupuestal o de las orientaciones de la política educativa.

En consecuencia hay distintos públicos vinculados a la universidad y a su desempeño. Los mismos académicos, aunque son parte del cuerpo funcionarial en sentido lato, no se sienten pares de los administrativos y de hecho no lo son. Muchas veces la relación entre académicos y autoridades universitarias, o burocracia universitaria en el sentido más amplio, es parcialmente parecida a la de administradores y administrados.

En suma, instituciones que por principio tienen funciones sustantivas académicas, han derivado en los hechos en grandes administraciones con una serie de dilemas muy característicos de las organizaciones muy desarrolladas.

Otro punto tal vez más abarcador ya examinado en los apartados precedentes, es que universidades públicas como las descritas se convierten de alguna forma en un microcosmos social, lo que no quiere decir que reproduzcan exactamente los rasgos de la sociedad mayor en que se insertan, pero tampoco son simples conjuntos de escuelas profesionales y preparatorias, como eran hace sesenta o cien años, sino que empiezan a adquirir las modalidades de una pequeña sociedad, incluidos sus conflictos.

Esto se observa, en primer lugar, en el crecimiento de la matrícula, fruto del desarrollo económico, la extensión de la alfabetización y las tendencias a la democratización de la sociedad moderna. Implica no sólo aumento numérico sino también, como se señaló más arriba, una ampliación de la gama social de estudiantes que acceden a la universidad. Ninguna universidad contemporánea es completamente homogénea, pero en grandes matrículas la diferenciación social se traslada al interior de las mismas casas de estudios. Esta distinción de base económica y cultural se percibe en los estudiantes, pero también entre los profesores e inclusive entre los administrativos.

Del punto de vista de los estudiantes, dependiendo de su origen social y de otros factores, puede haber hipotéticamente distintas percepciones acerca de lo que se puede lograr por medio de la educación superior. Hoy en día en México -a pesar de que esta situación está cambiando paulatinamente- la mayoría del estudiantado universitario proviene de hogares cuyos padres no accedieron a los estudios superiores, por lo que es muy natural que las familias cifren grandes expectativas en la obtención de un título profesional por parte de sus hijos. Para el estudiante, no obstante, ante todo está la inserción en ese centro educativo que muchas veces es totalmente nuevo en relación con el bagaje y la experiencia social que trae, y eventualmente aún antes de terminar los estudios puede tener la percepción de que sus expectativas o las de su núcleo familiar se verán frustradas.

Esto deriva de distinciones sociales, pero en términos de microcosmos se debe pensar también en un sistema político, o sea, un ámbito en que se ventilan relaciones de poder, conflictos, transacciones y negociaciones a partir del encuentro de distintos intereses. Procesos y acontecimientos que se derivan de esa diferenciación social que se refleja en un medio con particulares especificidades institucionales.

Un sistema político no es sólo la estructura normativa y de gobierno de la universidad, sino también un conjunto de relaciones más sutiles o informales, muy fluidas y eventualmente contrastantes[22]. Esta explicación pretende salirse del enfoque esquemático de lo que es la universidad, reducida a una organización con un sistema de tareas, normas, derechos, obligaciones y sancio-

---

22 La política y el análisis político ofrecen posibilidades muy diversificadas de aplicación conceptual (Rémond 1996). Ya se trató por ejemplo en el capítulo III la especificidad de lo político en el terreno de la evaluación.

nes. No es que ello sea falso, pero no representa la realidad total de instituciones enclavadas en escenarios que abarcan relaciones más variadas, generalmente bien conocidas por todos los participantes, pero que a veces se olvidan o se minusvaloran cuando se hacen análisis formales. Cabe señalar la existencia de una o más culturas políticas en universidades complejas, que arrastran una considerable experiencia histórica. Culturas políticas a veces muy consolidadas, que consagran tradiciones ideológicas y organizativas y prácticas codificadas de interacción entre grupos. En esto influye la autonomía, que en las universidades públicas es a la vez un mecanismo jurídico, un principio ideológico y una plataforma de sustentación de prácticas políticas.

Además de influir en el papel que suele asumir la universidad como institución crítica de la sociedad –que es una vertiente muy latinoamericana, aunque también se encuentre en otras regiones del globo– la cultura política al combinarse aleatoriamente con la regulación jurídica y administrativa de cada institución puede influir en la forma de cumplimiento de las funciones sustantivas. Por ejemplo, en algunas universidades en que hay un peso mayor de la normatividad, también lo hay por tradición de la tendencia a la centralización administrativa, cuando en otras, por el contrario, puede ser la descentralización lo que prime; y en otras más puede ser una situación cercana a lo caótico, porque independientemente de lo que diga la norma hay un funcionamiento fáctico que se ajusta día a día, sin autoridades firmes ni roles muy claros, pero sin que las instituciones cierren sus puertas, arreglándoselas para trabajar dentro de esta dinámica a veces por lapsos prolongados.

Hay algo más: a pesar de ser en gran medida fruto de la democratización de la educación superior, las universidades complejas, diferenciadas y de gran tamaño facilitan también situaciones de marginación o exclusión.

Si se reflexiona sobre los variados orígenes de los componentes humanos de la comunidad universitaria, en el distinto bagaje cultural y social que estudiantes o académicos traen a partir de sus trayectorias de vida, se puede intuir que la universidad, por las expectativas que otorga de futuro profesional, pero también por las posibilidades que ofrece su heterogénea estructura institucional, pauta una graduación de mecanismos de integración académica y de aprovechamiento intelectual, desde los más elevados hasta los menos favorecidos.

No es novedad afirmar que algunos conflictos derivan de esta dimensión de desiguales posibilidades de acceso a los bienes intelectuales que genera y trasmite la universidad. Hay oportunidades diversificadas de aprovechar el proceso educativo, que dependen de las variaciones de la estructura organizativa, de los recursos, del entorno social, económico y político de las personas y también de las políticas educativas, de la actitud del gobierno hacia las universidades. Por eso no es casual que en los conflictos se presente la vivencia de marginalidad por parte de grupos de estudiantes o de profesores[23]. Ello no es exactamente lo mismo que suponer que las gradaciones estén estrictamente pautadas por orígenes socioeconómicos. Por supuesto estos pesan, pero la inclusión y la exclusión deben ser analizadas en términos más complejos, que abarquen sus raíces económicas tanto como culturales e institucionales, teniendo en cuenta además que las posturas que las expresan son constituidas a partir de la percepción y elección de los actores.

---

23 No se habla aquí de los conflictos administrativos, porque tienen que ver más con la relación laboral que con el acceso a bienes culturales. (Los académicos, por su parte, se encuentran en la intersección de ambos fenómenos.)

Capítulo VI

CONCLUSIÓN

Para una interpretación del estado de la educación superior, en que se combinan un refinamiento y complejidad crecientes del sistema de planeación y evaluación con una comprobación sistemática de problemas de funcionamiento, más cuestionamientos al mismo sistema, se intentará ahora una reflexión basada sobre todo en la función docente, que como se justificó en el primer capítulo, en una sociedad en desarrollo constituye aquella con un impacto más inmediato.

Frente a los dilemas que enfrenta la educación contemporánea, Luhmann y Schorr (1993) ven en la educación una contradicción de base entre pedagogía y selección social. La primera pugna por la igualdad y la segunda no deja de diferenciar, incluso dentro del mismo sistema educativo. La pedagogía parte del supuesto de que para la educación el individuo es perfectible. Es claro en términos sociológicos que el individuo es también su entorno, lo que supone capital cultural y social diferencial (Bourdieu 1985); pero ello no contradice el supuesto básico moderno –de notoria fuerza política– de que la persona puede mejorar, formarse, acumular conocimientos prácticos y principios de conducta, construyéndose a si mismo y logrando una positiva (incluso ascendente) inserción social gracias a la educación. Lo que motiva la evolución conjunta de la teoría pedagógica y la política educativa, que se concreta en la planeación del sector. Las teorías pedagógicas y de planeación tienen objetivos (éticos, cognoscitivos, políticos, socioeconómicos) que sustentan la práctica académica de las instituciones educativas así como la gestión y el uso de recursos.

La educación se plantea como un mundo relativamente autónomo, capaz de enfrentar las variables de entorno –entre las cuales la primera es la del origen socioeconómico de los estudiantes– que debe ser paliado por la acción del sistema con valores, enseñanzas, becas, permanencia horaria de los estudiantes en los centros de estudio y otras medidas auxiliares. Lo que se acompaña de la oferta de la educación pública al alcance de todos, garantizada por el estado y que históricamente va trasladándose de la educación básica a los niveles educativos inmediatamente superiores para alcanzar cada vez más a la educación superior. Ésta ha ido cambiando de carácter y ya no es sólo preparación de profesionistas universitarios o de grupos de élite, sino un sistema muy diversificado, escalonado y selectivo (pero no necesariamente excluyente) que tiende a abarcar a cada vez más personas, ya sea porque el ciclo educativo se alarga en la misma medida en que se prolonga la esperanza de vida de las personas, o porque el desarrollo de las habilidades y los saberes en la sociedad del conocimiento requieren de una educación prolongada, continua y masiva, que al mismo tiempo se convierte en un requisito de legitimidad política para los estados contemporáneos.

La formación moral e intelectual es cada vez más para un mayor número en educación pública superior aún en países como México en que tal desarrollo ha sido rezagado. La expansión del sector privado de la educación superior en América Latina no niega esto sino que en cierto sentido lo confirma: sectores sociales medios y altos, ya sea por cuestiones de preparación académica, seguridad, valores o simple afán de exclusividad, sienten alterados o amenazados los espacios que tradicionalmente ocupaban en el sistema educativo público (sobre todo en las universidades autónomas) por la aparición en ellas de un número y tipo de estudiantes que antes no los frecuentaban y buscan generar espacios propios regulados por el sistema de precios y el poder de presión que el mismo permite al educando que pasa de ciudadano a consumidor.

Sin embargo la contradicción de fondo no radica en la diferenciación público-privado, sino en que la educación busca responder a las circunstancias de la sociedad corrigiendo defectos sociales (desigualdad, injusticia, desadaptación) y al hacerlo se encuentra en la necesidad de manejar una organización o conjunto de organizaciones muy diferenciadas que responden a una lógica propia, lo que convierte al sistema educativo en un problema en sí.

Ello deviene también de la relación entre socialización y educación (Luhmann y Schorr 1993). La socialización –que es más que la educación– de niños y jóvenes se aparta del ámbito familiar o de la calle para remitirse a la institución escolar y por tanto queda mayoritariamente en manos del estado, que rige a la mayor parte del sistema educativo. Éste es un fenómeno expansivo que comienza en la educación primaria y con el tiempo se extiende hasta la terciaria, en un proceso alimentado por requerimientos sociales como la acumulación de conocimientos para insertarse en el mercado de trabajo, pero también por una lógica propia de la escuela. Para el educando, la escuela en sus distintos niveles es un ambiente no sólo para aprender un currículum, sino también para entrar en contacto con un medio distinto al de la familia, que brinda un aprendizaje de otro tipo del que se recibe en aquella pero también más amplio que el que se produce estrictamente en las aulas[1]. Pero lo organizativo sin duda pesa. En términos aproximativos el curriculum supone edad homogénea, mismo conocimiento previo y

---

[1] La dinámica de relación entre los estudiantes rebasa claramente, en tiempo y espacio, la interacción académica en aulas, especialmente en los tramos superiores del sistema educativo, en que la disciplina es más laxa y la permanencia del educando en el espacio escolar es regulada por decisión propia y no sólo por normas de la organización. Sobre la cultura de pares que esto genera la reflexión clásica es la de Parsons (1964); ésta se puede expresar en movimientos políticos o en subculturas juveniles.

un rango también homogéneo de calificaciones aprobatorias. El supuesto teórico y político (pero desmentido constantemente por la realidad) es que ello dará una igualdad de oportunidades, y al no concretarse –pues siempre habrá estudiantes mejores y peores, y portadores de mayor o menor capital cultural y social– se reproduce el debate de si la escuela nivela las desigualdades sociales o por el contrario es presa de las mismas, a lo que responden positiva o negativamente con distinta orientación, las teorías pedagógicas, la investigación empírica y las técnicas de medición. La paradoja resultante es que el sistema educativo no es independiente de la realidad social pero se autonomiza creando un ambiente propio, con base demográfica, reglas, procedimientos e insumos y un lugar "sui generis" en el sistema político.

La autoridad educativa –federal o estatal– tiene una parte importante pero relativa, limitada al aspecto de la planeación y asignación de recursos, lo que implica un poder no desdeñable pero con una penetración muy mediada en el desempeño efectivo del sistema de educación superior, aún de las IES no autónomas, que de todos modos gozan de una importante autonomía "de facto" por razones prácticas de especialización del servicio, y eventualmente también por razones políticas.

El peso propio que adquiere el sistema de educación superior se calibra por el hecho de que aunque los resultados que arroje no sean exactamente los que se esperan y planifican, el sistema sigue creciendo y abarcando una parte cada vez mayor de matriculados, que egresan a una edad adulta y en su mayoría sin experiencia laboral previa, de modo que aunque no se trate verdaderamente de una "institución total" es para una gran parte de la juventud la única experiencia importante fuera de la familia hasta una época avanzada de la vida.

Por la misma razón de su crecimiento el sistema requiere siempre más académicos y otros trabajadores, además de insumos e inversiones, lo que presiona al presupuesto del estado, generando un doble efecto político. Por un lado el gobierno busca controlar el uso de los recursos incentivando la participación de la Sep en la planeación educativa, al tiempo que por otro lado recibe reclamos y críticas renovadas, ya sea por provisión insuficiente de recursos, falencias de la educación o intromisión en los espacios académicos[2].

El proceso educativo está cada vez más permeado por mecanismos de evaluación, que van desde la interacción docente-estudiante a la evaluación de los mismos académicos, instituciones y procesos de gestión, sin que haya una clara percepción de como incide esto en el aula[3]. Tal vez porque la planeación educativa, aún con las correcciones introducidas por la experiencia y el refinamiento de teorías y prácticas, supone una estandarización, inevitable en un servicio masivo, que sin embargo choca con la singularidad del comportamiento de académicos, funcionarios, administrativos, estudiantes y grupos de aula. La planeación de la enseñanza no puede dedicarse a cada individuo en particular y en cambio elabora un currículum con contenidos generales, buscando garantizar democracia y homogeneidad, pero la realidad de la enseñanza y del aprendizaje es para bien o para mal la individualización, de ahí la dificultad de planear y asegurar resultados.

En la educación superior, la interelación de la autonomía jurídica o fáctica, el uso de la tecnología, los reparos políticos y la dificultad de llevar a cabo una evaluación que garantice resultados esperados, produce –al igual que otras actividades sociales– un marco

---

2   El crecimiento de las Ies también incide en la complejidad, pues a lo pedagógico se suma lo administrativo, lo sindical y eventualmente también lo político, generando instancias especiales de tratamiento de cada uno de estos temas, que redundan a su vez en un aumento de las burocracias de gestión, tanto en tamaño como en presupuesto.

3   Otra paradoja inescapable es que no obstante que el escenario decisivo del servicio educativo es el aula, a menudo los planificadores de la educación superior no tienen una experiencia directa y prolongada de docencia, especialmente en el nivel más masivo, que es el de la licenciatura.

de incertidumbre. Por tanto el diseño, negociación e implementación de la evaluación se guía por otros parámetros que no son los resultados educativos exactamente, que no están a la mano en forma fluida y además son suceptibles de interpretaciones filtradas por tensiones políticas. La educación superior en consecuencia, se afirma en criterios genéricos, como el de abrir oportunidades por medio de un aumento del número de la matrícula y del radio de reclutamiento social de los estudiantes (sin renunciar claro está, a la consigna de los logros pedagógicos y la calidad del servicio, sin embargo más difíciles de asegurar y de evaluar en concreto).

Esto condice con otro hecho, que en gran medida las empresas e instituciones laborales capacitan al personal que reclutan, es decir que parten de la base de que el egresado no tiene una formación si no general[4]. De modo que la formación final de la persona no se da en una institución total que evidentemente la academia no es, sino en un mosaico de segmentos que debe unir a través de su trayectoria personal, formada sustancialmente por la vida familiar, el ámbito educativo y la experiencia laboral.

---

4 A pesar de que en las propuestas de política educativa se insiste en la pertinencia de la formación (ANUIES 2000); quizás por ello el actual Programa Sectorial propone "el desarrollo de programas flexibles, con salidas profesionales laterales o intermedias, que permitan combinar el estudio y el trabajo" (Secretaría de Educación Pública 2007: 35). Hay en esto matices, por supuesto, porque algunas IES (institutos tecnológicos o ciertas universidades privadas) responden más precisamente en sus currícula a expectativas del mercado de trabajo.

Bibliografía

AARON, Henry J., MANN, Thomas E. y TAYLOR, Timothy (1994) *Values and public policy*, The Brookings Institution, Washington D.C.

AGUILAR VILLANUEVA, Luis F., ed. (1992) *La hechura de las políticas*, Miguel Angel Porrúa, México.

AGUILAR VILLANUEVA, Luis F. (2006) *Gobernanza y gestión pública*, Fondo de Cultura Económica, México.

ABOITES, Hugo Vicente (1997) *Viento del norte, TLC y privatización de la Educación Superior en México*, Universidad Autónoma Metropolitana, México.

ACOSTA SILVA, Adrián (2000) *Estado, políticas y universidades en un período de transición. Análisis de tres experiencias institucionales en México*, Universidad de Guadalajara y Fondo de Cultura Económica, México.

ANUIES (1985) *Diagnóstico sobre la normatividad, estructura y funcionamiento de las unidades institucionales de planeación*, México (mimeo).

ANUIES (1990a) *Consolidación y desarrollo del sistema nacional de educación superior*, Revista de la Educación Superior, No. 73, enero-marzo, México.

ANUIES (1990b) *Propuesta de lineamientos para la evaluación de la educación superior*, Revista de la Educación Superior, No. 75, julio-septiembre, México.

ANUIES (2000) *La educación superior en el siglo XXI. Líneas estratégicas de desarrollo.* México: Asociación Nacional de Universidades e Institutos de Educación Superior, México.

ANUIES (2001) *Programas institucionales de tutoría. Una propuesta de la ANUIES para su organización y funcionamiento en las instituciones de educación superior.* México: Asociación Nacional de Universidades e Institutos de Educación Superior, México.

ANUIES (2003) *Mercado laboral de profesionistas en México*, Asociación Nacional de Universidades e Institutos de Educación Superior, México, cuatro vols.

ANUIES (2004a) *Anuario estadístico 2003. Población escolar de licenciatura y técnico superior en universidades e institutos tecnológicos*, Asociación Nacional de Universidades e Institutos de Educación Superior, México.

ANUIES (2004b) *Anuario estadístico 2003. Población escolar de posgrado*, Asociación Nacional de Universidades e Institutos de Educación Superior, México.

ANUIES (2006) *Consolidación y avance de la educación superior en México. Elementos de diagnóstico y propuestas*, ANUIES, México.

BARTRA, Roger (2000) *¿UNAM, quo vadis?*, en D. Cazés Menache, E. Ibarra Colado y L. Porter Galetar, *Encuentro de especialistas en educación superior*, Universidad Nacional Autónoma de México, México, tomo III.

BAZÚA, Fernando y VALENTI, Giovanna (1991) *La Educación Superior en el México de Fin de Siglo: Cinco Problemas y una Política Estratégica.* Argumentos, 14, diciembre, México.

BOUDON, Raymond (1980) *Efectos perversos y orden social*, Premia, México.

BOURDIEU, Pierre (1985) *The forms of capital*, en J. G. Richardson, comp., Handbook of theory and research for the sociology of education, Greenwood, Nueva York.

Bravo Ahuja, Víctor y Carranza, José Antonio (1976) *La obra educativa*, Sep-Setentas, México.

Casas, Rosalba y Luna, Matilde, comps. (1999) *Gobierno, academia y empresas en México. Hacia una nueva configuración de relaciones.* 2a. ed., Universidad Nacional Autónoma de México, México.

Castrejón Diez, Jaime (1976) *La educación superior en México*, Sep, México.

Castrejón Diez, Jaime (1981) *Los problemas de la planeación de la educación superior*, en G. Guevara Niebla, comp., *La crisis de la educación superior en México*, Nueva Imagen, México.

Cazés Menache, Daniel, Ibarra Colado, Eduardo y Porter Galetar, Luis, coords., (2000) *Re-conociendo a la universidad, sus transformaciones y su por-venir*, Universidad Nacional Autónoma de México, México, cuatro vols.

Cimoli, Mario, ed. (2000) *Developing innovation system: Mexico in global context*, Continuum, Londres.

Coen, Ernesto y Franco, Rolando (2005) *Gestión social. Como lograr eficiencia e impacto en las políticas sociales*, Siglo XXI, México.

Comas Rodríguez, Oscar Jorge (2003) *Movilidad académica y efectos no previstos de los estímulos económicos. El caso de la UAM*, Anuies, México.

Comisión Económica Para América Latina (2008) *Estudio económico de América Latina y el Caribe 2007-2008*, Cepal, Santiago de Chile.

Consejo Nacional de Ciencia y Tecnología (2008) *Reglamento del Sistema Nacional de Investigadores (SNI)*, Diario Oficial, 21 de marzo, México.

Consejo para la Acreditación de la Educación Superior (2003) *Antecedentes, situación actual y perspectivas de la evaluación y acreditación de la educación superior en México. Documento para IESALC-UNESCO*, Copaes, México.

Coombs, Philip H. (1971) *La crisis mundial de la educación*, Península, Barcelona.

Díaz Barriga, Ángel (1996) *Los programas de evaluación (estímulos al rendimiento académico) en la comunidad de investigadores. Un estudio de la UNAM*, Revista Mexicana de Investigación Educativa, julio-diciembre, México.

Díaz Barriga, Ángel et al (2008) *Impacto de la evaluación en la educación superior mexicana. Un estudio en las universidades públicas estatales*, Universidad Nacional Autónoma de México, México.

Didou Aupetit, Sylvie (2000) *Sociedad del conocimiento e internacionalización de la educación superior en México*, Asociación Nacional de Universidades e Institutos de Educación Superior, México.

Didou Aupetit, Sylvie (2004) *Consideraciones sobre el comercio educativo... Desde México*, en S. Didou Aupetit y J. Mendoza Rojas, *La comercialización de los servicios educativos. Retos y oportunidades para las instituciones de educación superior*, Anuies, México.

Didou Aupetit, Sylvie (2005) *Internacionalización y proveedores externos de educación superior en América Latina y el Caribe*, Anuies y Unesco, México.

Didriksson, Axel (1997) *Siete tesis sobre la evaluación*, La Jornada, 7, 14 y 21 de julio, México.

Didriksson, Axel y Herrera, Alma, coords. (2002) *La transformación de la universidad mexicana. Diez estudios de caso en la transición*, Universidad Autónoma de Zacatecas y Miguel Ángel Porrúa, México.

Doger Corte, José et al (1998) *Transformación de las universidades públicas en los noventa*, Anuies, México.

Educación 2001 (2008), 160, septiembre, México (*Normales en entredicho: la evaluación de los docentes*).

FERNÁNDEZ, Alfredo L. y SANTINI, Laura, comps. (1992) *Dos décadas de planeación de la educación superior. Desarrollo, metodología y casos*, ANUIES, México.

FORO CONSULTIVO CIENTÍFICO Y TECNOLÓGICO Y ACADEMIA MEXICANA DE CIENCIAS (2005) *Una reflexión sobre el Sistema Nacional de Investigadores a 20 años de su creación*, Foro Consultivo Científico y Tecnológico, A.C., México.

FLORES, Javier (1997) "Las reformas al pase reglamentado", *La Jornada,* México, D.F., 9 de junio

GARRIDO, Celso, ed. (2006) *El uso de las tecnologías de comunicación e información en la educación superior. Experiencias internacionales*, ELAC, México.

GIL ANTÓN, Manuel et al (1994) *Los rasgos de la diversidad. Un estudio sobre los académicos mexicanos*, Universidad Autónoma Metropolitana, México.

GREDIAGA KURI, Rocío, PADILLA GONZÁLEZ, Laura y HUERTA BÁRCENAS, Mireya (2003) *Una propuesta de clasificación de las instituciones de educación superior en México*, ANUIES, México.

GREDIAGA KURI, Rocío, RODRÍGUEZ JIMÉNEZ, José Raúl y PADILLA GONZÁLEZ, Laura Elena (2004) *Políticas públicas y cambios en la profesión académica en México en la última década*, ANUIES y UAM, México.

GUERRERO, Juan Pablo, coord. (2004a) *Impuestos y gasto público en México desde una perspectiva interdisciplinaria*, Cámara de Diputados, CIDE y Miguel Ángel Porrúa, México.

GUERRERO, Omar (2004b) *La nueva gerencia pública*, Fontamara, México.

HANEL DEL VALLE, Jorge y TABORGA TORRICO, Huáscar (1993) *Elementos analíticos de la evaluación del sistema de educación superior en México*, ANUIES, México.

HIRSCHMAN, Albert O. (1977) *Salida, voz y lealtad*, Fondo de Cultura Económica, México.

Instituto Internacional para la Educación Superior en América Latina y el Caribe (2006) *Informe sobre la educación superior en América Latina y el Caribe 2000-2005. La metamorfosis de la educación superior,* Iesalc, Caracas.

Instituto Nacional de Estadística, Geografía e Informática (1993) *Los profesionistas en México,* Inegi, México.

Instituto Nacional de Estadística, Geografía e Informática (2007) *Agenda Estadística de los Estados Unidos Mexicanos,* Inegi, México.

Instituto Nacional para la Evaluación de la Educación (2006), *Políticas y sistemas de evaluación educativa en México. Avances, logros y desafíos,* Inee, México.

Jacobo Molina, Edmundo (1993) *La evaluación universitaria. El caso de la Universidad Autónoma Metropolitana,* en VV.AA., *Planeación y evaluación de la universidad pública en México,* Universidad Autónoma Metropolitana, México.

José Yacamán, Miguel (1997) *Evaluación,* La Jornada, 23 de junio, México.

Kogan, Maurice, comp. (1989) *Evaluating higher education,* Jessica Kingsley, Londres.

Laclau, Ernesto (2006) *La razón populista,* Fondo de Cultura Económica, México.

Landy, Marc K. y Levin, Martin A. (1995) *The new politics of public policy,* Johns Hopkins, Baltimore y Londres.

Latapí, Pablo (1980) *Análisis de un sexenio de educación en México, 1970-1976,* Nueva Imagen, México.

Levy, Daniel (1986) *Higher education and the state in Latin America: private challenges to public dominance,* The University of Chicago Press, Chicago.

López Zárate, Romualdo, González Cuevas, Oscar y Casillas Alvarado, Miguel Ángel (2000) *Historia de la Uam: sus primeros 25 años,* Uam, México, dos vols.

Lorey, David (1993) *The university system and economic development in Mexico since 1929,* Stanford University Press, Stanford.

Luhmann, Niklas y Schorr, Karl Eberhard (1993) *El sistema educativo. (Problemas de reflexión),* Universidad de Guadalajara, Universidad Iberoamericana e Instituto Tecnológico y de Estudios Superiores de Occidente.

Mabry, Donald (1982) *The mexican university and the state,* Texas University Press, College Station.

Malo, Salvador y Velázquez Jiménez, Arturo, coords. (1998) *La calidad en la educación superior en México. Una comparación internacional,* Universidad Nacional Autónoma de México, México.

Marsiske, Renate, coord. (1999) *Movimientos estudiantiles en la historia de América Latina,* Unam, México, dos vols.

Marsiske, Renate (2003) *Movimientos estudiantiles en América Latina: Argentina, Perú, Cuba y México 1918-1929,* 2a. ed., Unam, México.

Martuscelli, Jaime (1997) *La evaluación de la evaluación,* La Jornada, 28 de julio y 4 de agosto, México.

Marum Espinosa, Elia (1998) *Las implicaciones del Tratado de Libre Comercio de América del Norte en la educación superior mexicana,* en R. Rodríguez Gómez, ed., *La integración latinoamericana y las universidades,* Unión de Universidades de América Latina, México.

McGinn, Noel (1994) *The impact of supranational organizations on public education,* International Journal of Educational Development, vol. 14, 3, Londres.

Medina Viedas, Jorge (2005) *La Anuies y la educación superior en México 1950-2005,* Anuies, México.

Méndez, José Luis, comp. (2000) *Lecturas básicas de administración y políticas públicas,* El Colegio de México, México.

MENDOZA, Javier (1997) *Evaluación, acreditación, certificación: instituciones y mecanismos de cooperación*, en Valenti Nigrini y Mungaray Lagarda (1997).

MENDOZA Rojas, Javier (2002) *Transición de la educación superior contemporánea en México: de la planeación al estado evaluador*, Universidad Nacional Autónoma de México y Miguel Angel Porrúa, México.

MENDOZA ROJAS, Javier (2007) *Cabildeo legislativo para el presupuesto federal de educación superior. Papel de ANUIES y resultados en el período 2001-2007*, ANUIES-IISUE, México.

MERCADO DEL COLLADO, Ricardo (1998) *La experiencia de la Comisión Nacional de Evaluación de la Educación Superior (CONAEVA)* en Malo y Velázquez Jiménez (1998).

MORA, Jaime (1997) *Sobre la evaluación científica*, La Jornada, 2 y 9 de junio, México.

MUÑOZ IZQUIERDO, Carlos (2006) *Determinantes de la empleabilidad de los jóvenes universitarios en México*, Papeles de Población, 49, julio-septiembre, México.

MUÑOZ IZQUIERDO, Carlos et al (1996) *Diferenciación institucional de la educación superior y mercados de trabajo*, Asociación Nacional de Universidades e Institutos de Educación Superior, México.

MUÑOZ IZQUIERDO, Carlos, NUÑEZ GORNÉS, Ma. de los Ángeles y SILVA LAYA, Yengny M. (2004) *Desarrollo y heterogeneidad de las instituciones de educación superior particulares*, ANUIES, México.

MUÑOZ GARCÍA, Humberto, coord. (2002) *Universidad: política y cambio institucional*, Universidad Nacional Autónoma de México, México.

OECD (2008a) *Panorama de la educación 2008: Indicadores de la OCDE. Resumen en español*, OECD, París.

OECD (2008b) *Education at a Glance 2008. OECD indicators*, OECD, París.

Ordorika, Imanol (2006) *La disputa por el campus. Poder, política y autonomía en la Unam*, Unam y Plaza y Valdés, México.

Ornelas, Carlos (2008) *Política, poder y pupitres. Crítica al nuevo federalismo educativo mexicano*, Siglo XXI, México.

Oropeza López, Alejandro (2005) *La evaluación de la función pública en México*, Plaza y Valdés, México.

Osborne, David y Gaebler, Ted (1994) *Un nuevo modelo de gobierno*, Gernika, México.

Parsons, Talcott (1964) *Social structure and personality*, The Free Press, Londres.

Pérez Portilla, Karla (2005) *Principio de igualdad: alcances y perspectivas*, Unam, México.

Poder Ejecutivo Federal (1989) *Programa para la modernización educativa 1989-1994*, Sep, México.

Poder Ejecutivo Federal (2007) *Plan Nacional de Desarrollo, 2007-2012*, Presidencia de la República, México.

Presidencia de la República (2003) *Tercer informe de gobierno. 1 de septiembre de 2003*, Gobierno de los Estados Unidos Mexicanos, tres vol., México.

Puchet Anyul, Martín y Ruiz Nápoles, Pablo (2003) *Nuevas leyes de ciencia y tecnología y orgánica del Conacyt*, Porrúa y Facultad de Derecho, México.

Quade, E.S. (1989) *Analysis for public decisions*, tercera edición, Prentice Hall, Nueva Jersey.

Rawls, John (1979) *Teoría de la justicia*, Fondo de Cultura Económica, México.

Rémond, René (1996) *Du politique*, en R. Rémond, comp., *Pour une histoire politique*, Seuil, s.l.

Reséndiz Núñez, Daniel (2000) *Futuros de la educación superior en México*, Siglo XXI, México.

Rivero Zambrano, Luis Francisco (2006) *Impacto de las propuestas del Banco Mundial en las políticas de educación superior en México*, tesis de maestría, Instituto Mora, México.

Rodríguez Araujo, Octavio (1989) *La reforma política y los partidos en México*, 10a. edición, Siglo XXI, México.

Rodríguez Gómez, Roberto (2004) *Inversión extranjera directa en educación superior. El caso de México*, Revista de la Educación Superior, 130, México.

Rodríguez Gómez, Roberto (2008) *Avanza la educación superior transnacional en México*, El Financiero, 5 de septiembre, México.

Rosas, María (2001) *Plebeyas batallas. La huelga en la Universidad*, Era, México.

Rubio Oca, Julio, coord. (2006a) *La mejora de la calidad de las universidades públicas en el período 2001-2006*, Secretaría de Educación Pública, México.

Rubio Oca, Julio, coord. (2006b) *La política educativa y la educación superior en México. 1995-2006: un balance*, Secretaría de Educación Pública y Fondo de Cultura Económica, México.

Secretaría de Educación Pública (1992) *Evaluación, promoción de la calidad y financiamiento de la educación superior. Experiencias de distintos países*, Conaeva, México.

Secretaría de Educación Pública (2000) *Memoria del quehacer educativo 1995-2000*, Secretaría de Educación Pública, México.

Secretaría de Educación Pública (2001) *Programa Nacional de Educación, 2001-2006: por una educación de buena calidad para todos, un enfoque educativo para el siglo XXI*, Secretaría de Educación Pública, México.

Secretaría de Educación Pública (2003) *Informe nacional sobre la educación superior en México*, Secretaría de Educación Pública, México.

SECRETARÍA DE EDUCACIÓN PÚBLICA (2007) *Programa sectorial de educación 2007-2012*, Secretaría de Educación Pública, México.

SECRETARÍA DE EDUCACIÓN PÚBLICA Y ASOCIACIÓN NACIONAL DE UNIVERSIDADES E INSTITUTOS DE EDUCACIÓN SUPERIOR (1979), *La planeación de la educación superior en México*, SEP-ANUIES, México.

SECRETARÍA DE EDUCACIÓN PÚBLICA Y ASOCIACIÓN NACIONAL DE UNIVERSIDADES E INSTITUTOS DE EDUCACIÓN SUPERIOR (1981) *Plan Nacional de Educación Superior. Lineamientos generales para el período 1981-1991*, Coordinación Nacional para la Planeación de la Educación Superior, México.

SHERIDAN, Guillermo (1997) *El SNI debe desaparecer*, La Jornada Semanal, México.

SILVA LAYA, Marisol (2006) *La calidad educativa de las Universidades Tecnológicas. Su relevancia, su proceso de formación y sus resultados*, ANUIES, México.

SOLARI, Aldo E. (1968) *Estudiantes y política en América Latina*, Monte Avila, Caracas.

STUFFLEBEAM, Daniel L. y SHINKFIELD, Anthony J. (1987) *Evaluación sistemática. Guía teórica y práctica*, Paidós, Barcelona.

TODD, Luis E. y GAGO HUGUET, Antonio (1990) *Visión de la universidad mexicana 1990*, Castillo, Monterrey.

UNIVERSIDAD NACIONAL AUTÓNOMA DE MÉXICO (1979) *La autonomía universitaria en México*, Colección Cincuentenario de la Autonomía de la Universidad Nacional Autónoma de México, vol. I, UNAM, México.

VALENTI, Giovanna et al (1997) *Los egresados de la UAM en el mercado de trabajo*, Universidad Autónoma Metropolitana, México.

VALENTI NIGRINI, Giovanna y MUNGARAY LAGARDA, Alejandro, coords. (1997) *Políticas Públicas y Educación Superior*, Asociación Nacional de Universidades e Institutos de Educación Superior, México.

VALENTI, Giovanna y VARELA, Gonzalo (1997) *El sistema de evaluación de las IES en México*, Política y Cultura, 9, México.

VALENTI, Giovanna y VARELA, Gonzalo (1998) *La experiencia de la Universidad Autónoma Metropolitana*, en Malo y Velázquez Jiménez (1998).

VALENTI, Giovanna, VARELA, Gonzalo y DEL CASTILLO, Gloria (2000) *Human resources and competencies* en M. Cimoli, ed. (2000) *Developing Innovation Systems. Mexico in a global context*, Continuum, Londres y Nueva York.

VARELA PETITO, Gonzalo (1987) *La reformulación de la política educativa en México*, en Varela Petito y Hernández Rodríguez (1987).

VARELA PETITO, Gonzalo (1988) *La cultura política de los académicos de la Universidad Nacional Autónoma de México*, Estudios Sociológicos, vol. VI, 17, México.

VARELA PETITO, Gonzalo (1991a) *Profundización industrial y modernización estatal: el enfoque politológico latinoamericano*, documento de trabajo, Universidad de la República, Montevideo.

VARELA PETITO, Gonzalo (1991b) *El mercado académico de la UNAM. Diversificación laboral en una época de crisis*, Revista Mexicana de Sociología, 4/91, México.

VARELA PETITO, Gonzalo (1993) *La política de evaluación en la educación superior*, Revista Mexicana de Sociología, 4/93, México.

VARELA PETITO, Gonzalo (1996) *Después del 68. Respuestas de la política educativa a la crisis universitaria* Universidad Nacional Autónoma de México, México.

VARELA PETITO, Gonzalo (1997) *La política de la educación superior en la década de los noventa: grandes esperanzas e ilusiones perdidas*, en Valenti Nigrini y Mungaray Lagarda (1997).

Varela Petito, Gonzalo (2000) *Tres décadas de transformaciones en la educación superior mexicana. Resultados y perspectivas*, en D. Cazés Menache, E. Ibarra Colado y L. Porter Galetar, *Encuentro de especialistas en educación superior*, Universidad Nacional Autónoma de México, México, tomo II.

Varela Petito, Gonzalo y Hernández Rodríguez, Rogelio (1987) *Políticas públicas en América Latina. Seis estudios de caso*, Flacso, México.

Villaseñor García, Guillermo (1988) *Estado y universidad 1976-1982*, Universidad Autónoma Metropolitana, México.

Weiss, Carol (1990) *Investigación evaluativa*, Trillas, México.

Williams, Gareth (1972) *What educational planning is about*, Higher Education, 1-4.

Zermeño, Sergio (1977) *El fin de la comunidad universitaria*, Deslinde, 96, Unam, México.

Zermeño, Sergio (1978) *México: una democracia utópica*, Siglo XXI, México.